« Ich möchte – Je voudrais »

Méthode intuitive franco-allemande

tome 1

SIRET : 409 447 117 0000 22

L'allemand
pour les débutants

Méthode intuitive & transparente
« Ich möchte – Je voudrais »

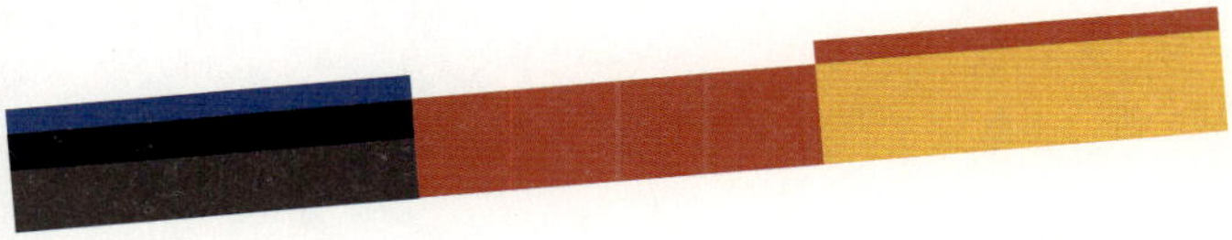

Deutsch
für Anfänger

Intuitive & transparente Methode
« Ich möchte – Je voudrais »

IDÉE : Régis Baty
RÉALISATION : Régis Baty et Rita Fisch
ILLUSTRATIONS : Nicolas Mengus
COUVERTURE : Mélanie Geitlinger

Nos personnages se présentent

Commençons par les plus importants d'entre eux :

Les enquêteurs. Die Ermittler.

Kommissar ELEREN

Gendarme E.

Commissaire Brice

ET ÔMAIRE.

Enquêteur adjoint et ses trois principales expressions de visage

TOURNEZ MAINTENANT LA PAGE ET FAÎTES LA CONNAISSANCE D'AUTRES PERSONNAGES. CEUX-CI REVIENDRONT DANS UN TOME 2 QUI VOUS PERMETTRA DE CONTINUER VOTRE PROGRESSION EN ALLEMAND EN VOUS IMPLIQUANT DANS LA RÉSOLUTION D'UNE PASSIONNANTE ENQUÊTE POLICIÈRE FRANCO-ALLEMANDE QUI SE DÉROULERA ENTRE LA SARRE, L'ALSACE, LA MOSELLE ET LE BADE-WURTEMBERG

Madame TEITUNG et sa fille/
und Ihre Tochter Schaftei

Madame Eurtéion

+ sa soeur (ihre Schwester)
alias Oma « Alumette »

le magicien (Der Magier)
SIÈGE-ICY

Un marin (Ein Matrose)

« Alette » alias « Alät »

Olar Ègeanba

+ son frère (sein Bruder)
Alain Ègeanba

PROFESSOR GEDAPLUS

Un bon élève.
Ein guter Schüler.

+ Anton Beizu:
Son oncle allemand
Sein deutscher Onkel/

Le chien d'Ômaire
Der Hund von Ômaire

Dans cette méthode, nous autres, les personnages franco-allemands, avons avant tout le souci de vous faire partager de manière agréable nos moyens mnémotechniques et astuces qui vous aideront à maîtriser l'ensemble de la déclinaison au nominatif et à l'accusatif et bien des aspects de la conjugaison.

Retenez bien nos noms. Ils renvoient en effet à des associations phonétiques qui vous mettront à l'aise avec plus de 50% des genres des noms allemands, avec les marques grammaticales des adjectifs qualificatifs allemands, et avec bien d'autres choses encore...

Avec les sincères remerciements des auteurs

.... à l'historien Nicolas Mengus, pour l'ensemble des illustrations avec les quelles il a contribué à donner une âme au présent ouvrage.

.... à leurs nombreux relecteurs et, en particulier, à Serguei Sakhno, professeur de linguistique russe à l'université de Nanterre, auteur de plusieurs méthodes prônant l'enseignement de la grammaire de manière ludique et comparative et à Christel Mathis.

à Melanie Geitlinger de Lahr et à Bruno Ancel pour leurs suggestions d'amélioration de la mise en page

Dr. BATY, Régis – Rita FISCH

Notre sommaire simplifié

INTRODUCTION

Initialement envisagé comme pouvant servir de base à l'enseignement pratique de l'allemand sans la grammaire - qui est parfois proposé en France à l'école primaire - cet ouvrage est destiné à tous ceux qui, bien qu'ayant peu de temps à consacrer à l'apprentissage de règles et de tableaux, ont besoin d'acquérir rapidement des bases leur permettant de devenir durablement autonomes dans les pays de langue allemande.

Si vous débutez ou reprenez l'étude de l'allemand, sachez que cette méthode a pour but de vous fournir rapidement des clefs et des astuces qui vous permettront de ne plus être bloqués face à des germanophones.

Pour ce faire, nous allons tout d'abord vous présenter des starters langagiers du type « ich möchte » (je voudrais) ou « ich brauche » (j'ai besoin de) à utiliser sans restriction ! Ces éléments introductifs vous rendront vite capables de demander des choses simples et même de régler vous-mêmes bien des choses de manière autonome en Allemagne.

L'astucieux recours à ces sésames linguistiques, à faire suivre d'éléments ne devant ni être déclinés ni être conjugués (tels que des verbes à l'infinitif, des noms au pluriel ou non, etc.), vous permettra de booster votre motivation à utiliser vos connaissances.

Ensuite, à partir du moment où, prenant confiance en vous, vous aurez compris qu'il est possible de dire un certain nombre de choses sans avoir à vous préoccuper de la grammaire, nous partagerons avec vous des ficelles et des astuces supplémentaires. Celles-ci vous permettront d'acquérir des premiers rudiments grammaticaux de manière ludique et agréable. Vous saurez même deviner le genre de plus de 50 % des noms de l'allemand et conjuguer les verbes allemands au présent et au futur !

Enfin, dans les derniers chapitres de ce premier tome, les plus perspicaces apprendront même à décliner de manière infaillible les noms et leurs accompagnants (déterminants et adjectifs) au nominatif et à l'accusatif. Serez-vous parmi ceux-ci ? Tournez maintenant la page et portez (enfin) un autre regard sur la langue allemande !

Encore une petite précision : Mes amis Ômaire, Oma Alümät et les autres personnages ne sont pas des linguistes. Ils ont donc parfois tendance à simplifier ou à exagérer certaines choses, à ne pas mentionner toutes les exceptions comme le feraient des grammairiens. Ne leur en tenez pas rigueur. Leur entrain et leurs astuces pratiques ont pour seul but de fournir aux débutants des premières bases d'allemand qui leur permettront ultérieurement d'entrer de manière décomplexée et efficace dans l'apprentissage détaillé de la grammaire allemande.

Ceux qui continueront l'étude de la langue allemande en se tournant alors vers des ouvrages plus conventionnels, rédigés par de vrais grammairiens, se rendront compte que certains de ces personnages, parmi ceux-ci en particulier Omaîre, ont parfois un peu trop simplifié les choses. Nous ne doutons cependant pas qu'ils garderont longtemps un souvenir ému de ceux-ci.

POUR COMMENCER
À « SE DÉBROUILLER » EN ALLEMAGNE

À PROPOS DE LA LANGUE ALLEMANDE

L'allemand passe pour être une langue difficile. Est-ce le cas ou s'agit-il seulement d'un effet « d'optique » ?

À vous de juger !

Quelle que soit la langue que vous apprenez, vous aurez à asseoir vos connaissances sur quatre piliers qui sont :

1. la phonétique,
2. l'orthographe,
3. le vocabulaire,
4. la grammaire.

LES 4 PILIERS DE TOUTES LES LANGUES

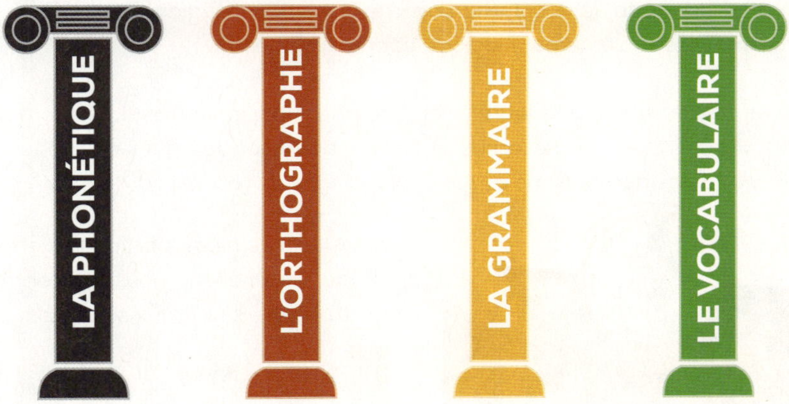

Si un seul de ces 4 piliers fait franchement défaut ....vous parlerez toujours la langue étudiée de manière „bancale".
Si au contraire, vos connaissances sont correctes et coiffées d'une grande motivation, vous vous trouverez dans la situation enviable suivante :

Langue maîtrisée = Plaisir d'utilisation

Heureusement pour nous, l'allemand possède :

→ une phonétique facile,
→ une partie du vocabulaire commun avec le français (+ l'anglais),
→ une grammaire extrêmement logique et décryptable.

Nous nous intéresserons ultérieurement à ce pilier principal qu'est la grammaire, en vous fournissant quelques sésames et 3 clefs de décodage qui simplifieront votre apprentissage des déclinaisons et des conjugaisons de l'allemand.

Dans la première partie de cette méthode, nous allons nous concentrer sur les trois piliers latéraux suivants:

1. la phonétique,
2. l'orthographe,
3. le vocabulaire.

Nous dresserons ainsi successivement un premier bilan à propos de la phonétique allemande (1er pilier étudié), du vocabulaire (2e pilier rencontré) et de l'orthographe de la langue allemande.

Ensuite, alors que nous aurons appris à dire un certain nombre de choses sans faire de grammaire, c'est-à-dire sans avoir à décliner ou à conjuguer quoi que ce soit, nous consacrerons le reste de cette méthode à présenter la grammaire allemande de manière non traumatisante et efficace.

À SAVOIR SUR LA LANGUE ALLEMANDE

Le français et l'allemand :

Deux langues totalement différentes ?

+++ Pas tout à fait !

En effet, en tant que francophone, en tendant un peu l'oreille, vous pouvez deviner le sens de 10% à 15 % des mots allemands :

Parmi ceux-ci il faut faire une distinction entre les „mots totalement transparents " et les mots « semi transparents ».

Le principe de la « transparence »

Les mots phonétiquement transparents

Les mots étrangers dont, en tant que francophone, on devine immédiatement la signification en les lisant ou en les entendant sont des mots « **transparents** » pour nous !

A) Parmi ceux-ci, certains s'écrivent et se prononcent exactement comme en français :

Ex : Kilo, Radio, Chef, Bonbon, Handball, vis-à-vis, Camembert, Baguette, Restaurant, Mayonnaise, etc.

Ce n'est toutefois pas parce qu'un mot s'écrit comme en français qu'il se prononce toujours comme en français !
En effet, des mots qui sont totalement transparents du point de vue de l'écriture [1] (ex : Limonade, Auto, Sport) se prononcent souvent différemment en français et en allemand.

B) À l'inverse, certains mots se prononcent exactement comme en français, mais ils s'écrivent de manière un peu différente :

Phonetik, Panik, Halt, Graphik, Kontext, Kakao, Bibliothek, Mediathek, Portmonee, Kaffee, Tee[2]

C) On trouve également de très nombreux mots se prononçant de manière un peu voire assez différente dans les deux langues :

Geographie (se lit „Guéografi" parce qu'en allemand un „G" se lit toujours comme le G de « gare »), **Auto** (se lit „A-oto"), **Sport** (se lit „Schport(e)"), blond (se lit „blonde"), **interessant** (se lit „inntéressanT ' avec le 'T » final audible"), etc.

Parmi les mots de ce type, il en est plusieurs centaines, terminées par un « E », inaudible en français, qui est en revanche clairement audible en allemand.

Exemples :

[1] La seule différence par rapport au mot d'origine est la majuscule qui figure au début des substantifs allemands .

[2] *Tee* se lit „thé", exactement comme en français

Tomate, Banane, Karotte, etc...
qu'il faut prononcer « TomatE » « bananE » et « KarottE » en allemand.

Tel est également le cas avec les mots suivants :

Garage (se lit „Gara jE" parce qu'en allemand un e final est toujours entendu"), ***Lampe*** (se lit „Lamm-pe"—même remarque pour les mots suivants), ***Limonade***, ***Kantine***, ***Etikette***, ***orange*** (couleur orange+ fruit), ***Schokolade***, ***Marke***, etc.

Les mots visuellement semi-transparents

- Les mots „semi-transparents" par la prononciation :

Grammatik, kurz (court), blau (bleu), rosa (rose) lila (violet = couleur de la fleur du même nom), lang (long), Doktor, Motor, Traktor, Thermometer, Meter, Kilometer, Europa, Afrika, Amerika, Konflikt, Kongress, Priorität, Universität, etc.

- Les mots „semi-transparents" par le sens :

Quelques mots qui se ressemblent visuellement ou phonétiquement possèdent un sens un peu différent par rapport au mot français d'origine : les « faux-amis » :

- *Der Frisör* (le coiffeur en allemand)
- *Der Major* (le commandant)
- *Das Rendez-vous* (rendez-vous amoureux en allemand),
- *Die Affäre* (une affaire judiciaire ou une relation amoureuse)

L'ORIGINE DES MOTS TRANSPARENTS ENTRE LES DEUX LANGUES

Avez-vous remarqué ? Parmi les mots que le français et l'allemand ont en commun ...

CERTAINS MOTS TRANSPARENTS SONT D'ORIGINE GERMANIQUE :

A) Avec un sens identique dans les deux langues:

- un U-Boot, un ersatz, un edelweiss,
- le handball, le diesel,
- l'ufologie (science étudiant les objets volants non identitifiés),
- le butin[3], le handball, le leitmotiv,
- la hutte, le gewürtzraminer,
- le thalweg (ligne d'écoulement des eaux au fond d'une vallée),
- riche[4], *le diktat, le kitsch, le bretzel, etc.*

B) Avec une légère différence de sens par rapport à l'allemand actuel:

Des mots allemands repris en français possèdent parfois un sens un peu différent par rapport au mot allemand d'origine:

- *Le kirsch* (alcool de cerise) vient de « die *Kirsche* » (la cerise),
- *Un loustic* vient de l'allemand « *lustig* » (= drôle, gai),
- *Le becher* récipient en verre utilisé en chimie ; der *Becher* (= le gobelet),
- *Trinquer* vient de l'allemand « *trinken* » = boire),
- *Un vasistas* vient de l'allemand « *was ist das* » (= qu'est-ce que c'est en allemand),

- *Hisser* vient de l'allemand « *hissen* » (= hisser),
- *La griffe* vient d'un mot germanique qui a donné « *der Griff* » (= la poignée) en allemand moderne,
- *La quiche* vient d'un mot germanique qui a donné « *die Küche* » (= la cuisine) en allemand actuel,
- *Le Land* vient de l'allemand « *Land* » (= *le pays* ou *la région*),

---

[3] Ce mot correspond au mot allemand « die Beute », qui signifie *le butin*.

[4] Ce mot vient d'un mot germanique signifiant «puissant», qui a donné *«reich» en allemand et «riche» en français*. (Précision de Sergueï Sakhno).

- *Le heaume* du chevalier vient d'un mot germanique qui a donné « *der Helm* » (=le casque) en allemand moderne,
- *La halte* vient d'un mot germanique qui a donné « *der Halt* » (= la pause) en allemand moderne.

Parmi les mots allemands compréhensibles pour les Français, il y a ceux, faciles à retenir parce qu'ils sont connus de la publicité, de chansons (neunundneunzig Luftballons[5] de la chanteuse Nena), ou de films (Louis de Funès, Bourvil, etc.), ou encore de la publicité ou du monde du sport.

- Ja, Jawohl- Nein…
- Das Auto. « deutsche Qualität » (publicité automobile)
- Arbeit, Fräulein°,
- ein Kilogramm Kartoffeln° « Achtung ° »,
- kaputt - (« ich bin kaputt ° »), sehr schön° (très beau)
- klein -groß (« Groß filou° »)
- Mannschaft (équipe de foot allemande)
- schnell - Danke schön. Bitte (= s'il vous plaît)
- Herr Müller°- Frau Müller - Fräulein°
- neunundneunzig Luftballons - ***(99 ballons)*** **(chanson de Nena)**

(° = films de Louis de Funès)

ou encore ceux hérités l'histoire :
Le *diktat*, le *U-boot* (le sous-marin), le *panzer*, le *Lebensraum* (espace vital) *l'ersatz*, le *Lager* (le camp de prisonniers), la *Realpolitik*, etc.

LA PLUPART DES MOTS COMMUNS ENTRE L'ALLEMAND ET LE FRANÇAIS SONT D'ORIGINE FRANÇAISE :[6]

L'allemand a en effet importé beaucoup de mots du français, en particulier sous les règnes de Louis XIV, de Louis XV et de Napoléon Ier :

[5] 99 ballons.
[6] Parfois avec une origine grecque ou latine.

Exemple : *Baguette, Romantik, Restaurant...* mais également, parmi bien d'autres :

1. ***beaucoup de mots terminés par „Al" en français***

ex : Kapital, kolossal, phenomenal, Signal, Original, etc.

2. **beaucoup de mots terminés par „ION[7]" en français :**

Position, Aktion, Animation, Annotation, Inspektion, Station, Integration, Explosion, Dekoration, Definition, Interpretation, Kanalisation, Delegation, Information, Situation, Religion, Installation.

3. **Plusieurs dizaines de mots terminés par „IST " en français comme :**

(der) *Artist, Egoist, Fatalist, Gitarrist, Idealist, Humorist, Journalist, Perfektionist, Pianist, Pessimist, Sadist, Rassist, Utopist, Terrorist, Tourist, Publizist,* **parfois en les déformant un peu,** *Sozialist* (se lit „sotsialist"), *Spezialist* (se lit „schpétsialist"), *Polizist* (se lit „Politsist" car tous les „**z**„ se lisent „**TS**" en allemand), etc.

4. **Quelques expressions figées que les Allemands peuvent écrire exactement comme en français :**

« la crème de la crème », « l'amour toujours », « Rendez-vous[8] », « vis-à-vis », « à propos ».

• [7] *Penser à lire „tion" comme suit :* [*Siaun*]. *Exemple: « Dekoration » = [Dékoratsiaun], « Aktion » = [Aksiaun].*

[8] Prudence : *Das Rendez-Vous* = uniquement rendez-vous galant en allemand!

5. Et surtout PLUS DE 400 VERBES français du 1er groupe (verbes terminés par „er" exemple : réparer") qui ont donné un verbe allemand terminé par „ieren" [9]

Exemples : réparer ▶ *reparieren ; téléphoner* ▶ *telefonieren*

akzeptieren, alarmieren, amüsieren, analysieren, antizipieren, archivieren, autorisieren, brüskieren, kreieren, charmieren, debatieren, dechiffrieren, definieren importieren, exportieren, improvisieren, inspektieren, interessieren, konsolidieren, kooperieren, kopieren, korrespondieren, kritisieren, existieren, fotografieren, funktionieren, lokalisieren, observieren, reagieren, rekapitulieren, transportieren, organisieren, schockieren, /…/ zelebrieren…

Nb : quelques verbes - notamment ceux comportant un « c » ou un « s » dans l'original français - ont été un peu déformés lors de leur « germanisation » :

Notez qu *'akzeptieren (se lit „aktsêptiereun"), platzieren (se lit „platsierœun"), zelebrieren (se lit „tsélébrierœun").*

Bien qu'assez différents de leur équivalent français, d'autres verbes en « ieren », directement issus du latin ou d'autres langues, restent reconnaissables et faciles à apprendre pour des francophones :

studieren (qui se lit „Schtoudierœun") - (= étudier) ; *trainieren*- (= s'entraîner), *deponieren* (déposer), etc

6. Ainsi que les très nombreux verbes terminés par « ieren » qui ont donné des adjectifs et des noms

Ex : *argumentieren* ▶ die Argumentation, das Argument *interessieren* ▶ das Interesse ; *reservieren* ▶ die Reserve, die Reservation ; *kreieren* ▶ die Kreation, die Kreatur, die Kreativität, etc.

• [9]Précision phonétique pour les « A1 » : « ieren » se lit [irœune]

DE NOMBREUX MOTS ISSUS DIRECTEMENT DU GREC OU DU LATIN

En outre, on trouve en allemand de très nombreux mots issus directement du latin ou du grec, communs à nos deux langues : *Elefant, Album, Aquarium, Bus, Krokodil, Penizillin, Idee, Drama, Theater, Kilometer…* avec parfois de fortes différences orthographiques et phonétiques par rapport aux mots transparents français correspondants (*Museum, Stadium, Studium, Zentrum …*).

LA TRANSPARENCE GERMANO-**BRITANNIQUE**

Si vous parlez anglais, vous comprenez en outre immédiatement les très nombreux mots que l'allemand et l'anglais ont en commun. D'origine germanique ces mots, souvent restés très transparents par rapport à l'anglais actuel, sont **« arrivés** aux Ve et VIe siècles » (- **et restés - en Angleterre)** avec ces descendants des envahisseurs germains „Angles" et „Saxons", qui parvinrent à transformer une terre et une culture, à l'origine essentiellement celtiques, en « terre des Angles (et des Saxons) », ce qui a donné « Angle-Terre ».

1-Les mots transparents entre l'anglais et l'allemand :

Parmi les très nombreux mots germaniques introduits par les envahisseurs angles et saxons, plus d'un millier sont restés transparents pour les Allemands du point de vue de l'anglais actuel :

- **transparents sur un plan orthographique** :

  Arm (le bras), Butter, best (meilleur parmi tous), Finger, Hammer (le marteau), *Glas, Hand, Mann,* so (tellement), *Winter*, etc.

- **transparents sur un plan phonétique** :

  baker (« Bäcker » en allemand), boat (« Boot » en allemand), ice (« Eis » en allemand), fish (= der Fisch), house (« Haus » en allemand), mouse (« Maus » en allemand),

2-Les mots semi-transparents entre l'anglais et l'allemand

Notez également la présence de milliers de mots communs entre l'anglais et l'allemand qui sont un peu plus éloignés de leur forme germanique d'origine, parfois avec une prononciation légèrement divergente :

Summer („der Sommer" en allemand), my *son* („mein Sohn" en allemand), *father* („der Vater" en allemand), *mother* („*die Mutter*" en allemand), *nine* (= *neun* = 9), *twelwe* (*zwölf*= 12), *the cow (die Kuh= la vache*), *light (leicht= léger), green (grün=vert) hard* (*hart= difficile ou dur), my (= mein= mon), free (frei= libre), green (grün= vert), the kid (das Kind= l'enfant*), etc.

Parmi les mots semi-transparents sur un plan tant orthographique que phonétique, nombreux sont ceux qui, à l'instar de ceux commençant par un « D » en allemand, sont <u>déductibles</u> (pour des enquêteurs linguistes motivés) :

> Ci-dessous, quelques exemples de mots semi-transparents entre l'anglais et l'allemand, choisis parmi ceux débutant en allemand par la lettre « D » qui ont un équivalent anglais commençant par TH : Danke (merci) à mettre en lien avec « <u>Th</u>ank », selon le principe qu'un „th" anglais au début d'un mot correspond souvent à un „D" en allemand actuel :
> ex : a Thing ▶ ein Ding *(une chose)*, three ▶ drei *(trois)*, this ▶ dies *(cela)*, Thurst ▶ Durst (la soif), thin ▶ dünn, (maigre) etc.

Les récents emprunts à l'américain et à l'anglais

À côté des très nombreux mots transparents germano-anglo-saxons arrivés avec les envahisseurs angles et saxons au VIe siècle après Jésus-Christ, se trouvent également quelques dizaines de mots modernes anglais ou américains qui apparurent dans la langue allemande après 1945 :

Hobby, Computer, City, Cursor, E-mail, Interview, Lay-out, Software, Mountain-bike, Walkman, Handy, Recycling, etc.

„…. UNE PREMIÈRE CONCLUSION ?

Même sans avoir appris l'allemand, vous êtes capables de reconnaître 15 à 20% des mots allemands.

POURTANT, CONNAÎTRE TOUS CES MOTS N'EST PAS SUFFISANT POUR CONVERSER. À QUOI CELA TIENT-IL ?

La réponse à cette pertinente question est simple :

Étant donné que, comme les autres langues, la langue allemande ne repose pas uniquement sur le pilier « vocabulaire », il reste encore d'autres piliers à découvrir.

Cette explication satisfaisante pour les adultes ne plaît pas tout à fait à Monsieur Ômaire, ami des plus jeunes[10].
Celui-ci, très gourmand préfère comparer la langue allemande à un gâteau, qu'il est en train de préparer avec amour, et déclare :

Ingrédients de base pour parler allemand

« La langue allemande est un peu comme un gâteau ! »
« Les mots que vous connaissez constituent les ingrédients de base ».

La farine, c'est le vocabulaire !
L'huile c'est la phonétique !
Les œufs sont l'orthographe !
La levure, c'est la grammaire !
... et pour rendre le tout onctueux à souhait il faut adopter un rythme de lecture germanique.

10 Les adultes retrouveront toutefois plus loin le principe des piliers. Nous les remercions de bien vouloir excuser la fréquence dess interventions et des interprétations d'Ômaire, ami des plus jeunes débordant d'un enthousiasme que l'on n'a pas voulu lui interdire de nous faire partager au fil des pages.

Maintenant que vous avez découvert que vous êtes capable de comprendre entre 10 et 15% des mots allemands existants, apprenez à les employer.

Il vous reste à lier vos premières connaissances en ajoutant maintenant « l'huile » et un peu plus tard, « la levure » !

Pour utiliser les mots semi-transparents et les mots allemands que vous connaissez déjà, il vous reste à apprendre à lire correctement les lettres et les combinaisons de lettres qui composent les mots allemands. Au fil du temps, vous apprendrez à lire ces mots de manière souple, harmonieuse et naturelle, en adoptant ce rythme un peu haché mais rythmé qui caractérise la langue allemande.

Les raisons suivantes expliquent pourquoi il n'est pas difficile en soi de prononcer la plupart des mots allemands :

- Hormis deux sons (1. le « H » en début de mot que l'on doit fortement expirer et 2. le son que l'on doit produire lorsqu'un « ch » suit un « a », un « o » ou un « u »), tous les sons qui existent en allemand sont également présents en français ; au moins de manière approchante[11].

- Hormis le „ch" (Das Buch=, le livre [12], der Becher[13]=le gobelet) et le « st » placé en milieu de mots, nous pouvons considérer que les combinaisons de lettres allemandes se lisent « normalement » de manière identique.

---

[11] Remarque pour les enseignants: Nous considérons que le son « ch » prononcé « ich-Laut » ressemble fortement au son « ch » que l'on prononce en français en disant « **ch**ien **ch**inois ».

[12]Der Becher = [dèr Bê^{ch}'**œu** r] = le gobelet. Ce ^{ch}, appelé « ich-Laut » ressemble un peu comme au son « ch » que l'on forme en français en prononçant les mots « **ch**ien et **ch**inois » en éloignant le plus possible le coin des lèvres l'un de l'autre.

[13]*Das Buch = [dass Bou*'$_{rhh}$'*] = le livre. Après un „u", qui se prononce toujours* [ou], l'association « ch » se prononce comme un souffle légèrement raclant qui remonte du fond de la gorge via la glotte. On parle en allemand de « ach-Laut ».

▶ « Le principe de base de la phonétique allemande » :

« TOUTE LETTRE ÉCRITE SE PRONONCE »

Conséquence ▶	**Die Pastete** *(le pâté)* (se lit „Pastét **E**")
	Karlsruhe (se lit „Karlsrou- **E**")
	Pommes *(les frites)* (se lit „Pomm- **EU**[14]**SSE**")

Sachez que les consonnes se prononcent quasiment toutes comme en français même si certaines s'expriment de manière bien plus tonique que dans la langue de Molière (ex : Kakao, Halt, Papier, etc...)!.

▶ En plus du « ch » vu précédemment, seules les consonnes suivantes se prononcent **toujours** d'une manière qui n'a rien à voir avec la prononciation française habituelle de ces mêmes lettres.

LETTRE ▼		 **Astuces pour bien prononcer cette lettre :**	**Exemples** ▼
V	se prononce **[F]**	Pensez ☺ « Mon Vélo va vite = « ☺Mon Félo Fa Fite ☺ »	Ex : ***Vier*** (4) se prononce **[Fi:r]**
Z	Cette lettre qui se lit « Tsètt » **se prononce toujours [TS]**	Pensez au son « **Ts** » dans le mot « mouche TSé-TSé » **[TS]**	Ex : ***« Zwei Züge »*** (2 trains) (à prononcer « **[TSvaï TSüge]** ») Ich kaufe ☺***zwei*** ☺***Zeitungen***[15] ☺[**Tsvaï TSsaille**-toungœun]
H[16]	**Expirez fortement** tout « H » placé devant une voyelle[17].	Soyez capables de souffler une bougie en expirant un « H ».[18] placé devant une voyelle	Ex : ***Ich habe heute etwas verstanden***[19]. Hans arbeitet in Hamburg.

---

[14] Prononcer ici le « **eu** » comme dans le mot « **heureux** ».

[15] Traduction: j'achète deux journaux.

[16] Le « H » est parfois considéré comme une semi-voyelle.

[17] Bien entendu, comme en français, cette remarque ne concerne pas l'association du « C » et du « H » (« CH »).

[18] Une suggestion : Faire une mini pause devant le « H » à l'initiale et expirez fortement le son "TS".

[19] Traduction : j'ai compris quelque chose aujourd'hui!

Les perfectionnistes pourront en outre noter qu'il peut faire très allemand (et en particulier très « allemand du Nord ») de prononcer **[T]** et **[ch]** [20] les consonnes « D » et « *G* » lorsque celles-ci apparaissent en fin de mot. La règle veut toutefois que seuls les *G* précédés d'un « i » (= « *IG* ») non suivis d'une voyelle ou d'un « k » /ex : ein weni<u>g</u> (un peu) die *Geschwindigkeit* (la vitesse)--/ ne se prononcent pas comme le « *G* » du mot français « *gare* », mais **[ch]**.

Exercez-vous à lire les mots suivants en prononçant clairement **[T]** **les « D » placés en fin de mot et [ch] la combinaison « *IG* » non placée devant une voyelle ou un « k » :**

- der König (le roi), die Tätigkeit (l'activité), vierzig (40), wenig (peu)
- der Wald (la forêt), ihr seid (vous êtes), die Hand (la main), das Land (le pays).

Enfin, lisez toujours « *G* » comme le « *g* » du mot « *gare* » dans les mots suivants (règle normale de lecture du « *G* »):

Der Tag (le jour), die Frage (la question), der Zug (le train), der Ausflug (l'excursion), die Übung (l'exercice) et enfin « *weniger* » (moins de) et « die Königin » (la reine) et « königlich » (royal) par opposition aux mots « wenig » et à « *König* », présentés plus haut, où la combinaison « I+*G* » doit être lue **[ich]**.

Notez enfin que le « **S** » allemand se prononce presque toujours comme le « Z » français à l'initiale[21] et à l'intérieur d'un mot entre deux voyelles (c'est-à-dire comme le « S » dans le mot français « maison »).

Exemple : **Soso sucht seinen Salat.**
Traduction : « Soso cherche sa salade ».

Lecture = (avec la phonétique <u>française</u>):
☺z°oz°o ☺zou rhh te ☺z[22]einœunn ☺zalat(e) !
(« z° » = le « z » français)

[20] Cette lettre doit se lire en écartant au maximum les deux coins des lèvres l'un de l'autre, en refoulant vers le fond de la gorge les « ch » que vous prononcez en disant « <u>ch</u>ien <u>ch</u>inois ».

[21] À l'initiale d'un mot composé le « S » se prononce également comme le « z » français (cf : *Auf wiedersehen* =Au revoir), qui est un mot composé entre autres à l'aide du verbe « sehen » (qui possède bien un « S » à l'initiale !).

[22] Pensez à lire tous ces « z » comme vous lisez le « s » dans le mot « maison ».

Les puristes apprendront également à articuler un peu différemment un « R » en début de mot (formé dans la gorge) et un « R » en fin de mot (prononcé très brièvement et de manière explosive à l'avant du palais, parfois un peu comme on lirait un « A » explosif).

Ex : die Butter (le beurre)
die Mutter (la mère).

▶ Seules les voyelles « U » et « Y » se lisent toujours différemment des lettres françaises correspondantes :

« U »

- **Le « U » allemand se lit comme le « ou » français.**

Ex : Du lernst schnell. Das ist super! (à lire comme « dou☺ lèrnst schnèll. » « dass ist ☺z°oupœurr »).

En revanche, le « U » surmonté d'un <u>Umlaut</u> (c'est-à-dire d'une sorte de trémas allongés)**.(= « Ü ») se lit toujours comme un « U » français).**

« Y »

- **Le « Y » allemand se lit comme le « u » français. Ex** : *Die Analyse* (☺ « Die Analüze ». *Der Typ* (☺ der Tüp).

« Umlaut » et voyelles

▶ **Hormis le « ü » évoqué plus haut, les voyelles surmontées d'un *Umlaut* se prononcent toujours différemment d'en français, à savoir, comme suit :**

	se prononce avec l'Umlaut
Ä	comme le « ê » français
Ö	comme « œu » en français

Par ailleurs, la diphtongue[23] « *AU* » qui se lit « *A-O* » en allemand, se lit comme « oye » en français lorsqu'elle est surmontée d'un *Umlaut*.

	se prononce avec l'Umlaut
ÄU	comme « oye » français

ET LES VOYELLES ALLEMANDES ASSOCIÉES À UNE AUTRE VOYELLE ?

La principale chose à savoir à propos des voyelles associées est que les tandems de voyelles composés de 2 voyelles différentes (ex « au », « ai », « eu », « ei », et « ou ») qui en français **se prononcent normalement comme un son unique**[24] **se prononcent toujours comme deux sons en allemand,** tant qu'ils ne se terminent pas par un « E »[25].

Les doubles voyelles se prononcent comme la voyelle simple mais en l'allongeant[26]. Un double « e » se prononce en revanche comme le son « é » du mot « café », en prolongeant celui-ci (ex : der Kaffee, der Tee).

Les principaux tandems de voyelles allemands non terminés par un «E »		
AU - se lit [A-O] AI = se lit [aille] EU = se lit [oille] EI : se lit [aille]		

Là où en français une ou plusieurs voyelles placées devant un seul « N » (ex : *la banque*) ou devant un seul « M » (ex : *la lampe*) **donnent un son unique nasalisé**[27], en allemand l'association d'une ou de plusieurs voyelles à un « N » ou à un « M » ne conduit jamais à une nasalisation. Les voyelles placées devant un seul « N » ou devant un seul « M » se prononcent systématiquement comme si elles précédaient « 2 N » ou « 2 M », tant et si bien que les mots allemands « die Bank » et « *die Lampe* » se lisent respectivement [BANNK] et

---

23 Une diphtongue est une association de 2 sons clairement distincts.

[24]*Parmi les rares exceptions du français, citons le mot français « hier », où le « i » et le « e » se prononcent comme 2 sons.*

[25] Ex : « AE », « OE » et « UE » qui se prononcent comme « Ä », « Ö » et « Ü », et « EE » et « IE » qui se prononcent respectivement comme un « é » long et comme un « i » long.

[26] ex : der Saal (la salle), das Boot (le bateau).

[27] Un son pour lequel l'air ne passe pas par le nez (exemple : „pan" – par opposition à „panne").

[LAMMPE], que le mot « Ferien »(les vacances) ne se lit pas « fait rien » ! mais [Fé-riœunn],.... et que le mot *Frankreich* (la France) se lit [FR[ANN]Kreich] (!!), etc...

ET LES ACCENTS ?

Il n'y a pas d'accents en allemand, mais il y a autre chose : le signe de ***l'Umlaut*.**

Alors qu'en français la prononciation des voyelles est modifiée soit par l'ajout d'un accent (« ê », « è » et « é ») soit par l'ajout d'un seul « N » ou d'un seul « M » derrière une voyelle (ex : *an, eu, un*, etc...) la langue allemande utilise essentiellement le signe de *l'Umlaut* pour modifier la prononciation des voyelles.

Le signe de l'Umlaut est un signe réservé exclusivement aux voyelles « a », « o » et « u » ainsi qu'à la diphtongue allemande « au », prononcées de manière « profonde », c'est-à-dire dans le fond de gorge, à hauteur de la glotte.

Toute voyelle ou diphtongue profonde coiffée d'un *Umlaut* prend ses ailes et s'envole vers le palais.

Le « Umlaut » représente en effet un tuyau vertical par lequel les sons sombres peuvent s'envoler vers cette partie illuminée de la bouche qu'est le palais.

Effectivement, observé à la loupe, le signe de *l'Umlaut* représente une sorte de conduit d'air qui permet aux sons sombres de s'échapper vers la clarté du jour, un étage plus haut !

Le Umlaut est donc un dévieur de sons !

Résumons-nous : Le terme « Umlaut », (qui signifie littéralement « dévie-son »), désigne communément les trémas placés au-dessus des voyelles « a », « o » et « u » et de la diphtongue allemande « au » (qui se prononce « A-O »). Leur prononciation devant être déviée vers le haut grâce à l'ajout de ce signe libérateur, ces lettres et combinaisons de lettres, devenues « ä », « ö » et « ü » et « äu », se lisent alors respectivement comme on lirait en français [ê] dans « être », [œu] « dans cœur », [u] dans « univers » et [oye] dans « Oyez (braves gens) ».

Devinette

Les voyelles « e », « i » et « y » (prononcé « ü ») peuvent-elles porter le signe de l'*Umlaut*[28]?

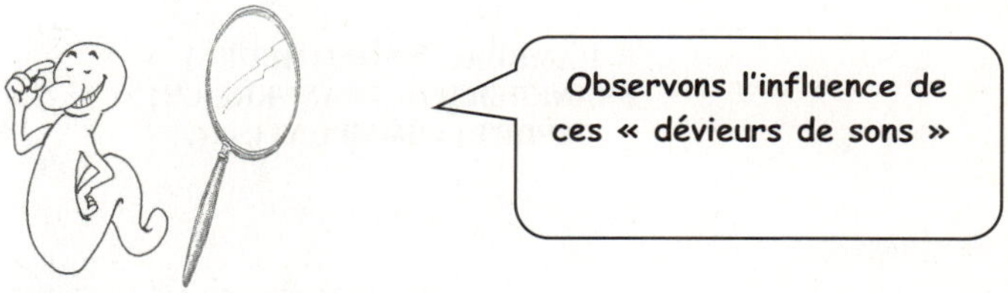

Son d'origine prononcé au fond de la gorge (au niveau de la glotte)	Son avec *Umlaut* (*à prononcer dans la partie antérieure du palais)*
- *A (lu comme en français)* - ***O*** *(lu comme en français)* - *U (⚠ se lit* ***„ou"*** *en allemand)* - ***AU*** *(⚠ se lit* ***„ao"*** *en allemand)*	▶ ***Ä qui*** *se lit comme le* ***„ê"*** *français,* ▶ ***Ö qui*** *se lit comme le* ***„EU"*** *du mot* ***„heure"****,* ▶ ***Ü qui*** *se lit* ***comme le „U" français,*** ▶ ***ÄU qui*** *se lit comme* ***„ OYe"*** *en français*

[28] L'allemand étant une langue logique, comme ces voyelles se prononcent déjà à l'étage le plus haut que l'on puisse s'imaginer dans le palais, elles ne peuvent pas porter la marque de ce « dévieur de sons » qu'est *l'Umlaut*.

À propos, comment doit-on prononcer les voyelles allemandes suivies d'un « N » ou d'un « M » ?

La réponse est simple : Comme il n'y a pas de sons nasalisés en allemand, les « N » et les « M » y sont toujours clairement audibles, même dans les mots suivants d'origine étrangère :

« *die Lampe*» qui doit se lire comme s'il était écrit « LAM**M**PE » (avec 2 « M » !)
... et « *elegant*» qui doit se lire comme s'il était écrit « ÉLÉGANN-T(e) » **etc.**

Bref, le plus simple est de prononcer tous les « N » et les tous « M » allemands comme s'ils étaient doublés :

Exercice 1 : Essayez de procéder comme indiqué ci-dessus et lisez à voix haute les mots suivants:

HAMBURG (=* HAMMBURG)
FRANKREICH (=*FRANNKREICH)
IMPORT (=*IMMPORT), etc.

Exercice 2:

Entraînez-vous à lire les mots allemands Import, Bombe, Franzose, Hamburg, ainsi que les prénoms Martin et Anton, en pensant à doubler dans votre tête les « N » et les « M », de manière à ce que :

ON = se lise **[ONN]** et que **OM** = se lise [**OMM**]
(ex : « blond » et « Bombe » ⇨ [blo**NN**D] et [bo**MM**be])

AN = se lise **[ANN]** et que AM = se lise **[AMM]**
(ex : « Danke » et « Kampf (le combat) » ⇨ [da**NN**ke] et [ka**MM**pf])

IN = se lise [**INN**] et que IM = se lise [I**MM**] (ex : « interessant » et « Import » ⇨ [i**NN**teressa**NN**t] et [i**MM**port])

EN = se lise **[ENN]** et que **EM** = se lise **[EMM]** (ex : « schenken (offrir) » et « Embargo » ⇨ [che**NN**ke**NN**] et [E**MM**bargo])

UN = se lise [OU[29]NN] et que UM = se lise [OUMM] (ex : « Bundestag[30] » et « Pumpe » ⇨ [bouNNdestag] et [PouMMpe])

AVEC TOUT CE QUI PRÉCÈDE VOUS ÊTES DÉJÀ EN MESURE DE LIRE CORRECTEMENT TOUT CE QUI SUIT :

Exercice 1 : Les chiffres de 1 à 10 contiennent également un bon nombre de points de phonétique pouvant poser problème.

Trouvez-les:

EINS ZWEI DREI VIER FÜNF SECHS SIEBEN ACHT NEUN ZEHN

Réponse: 31

Exercice 2 :

Entraînez-vous encore à lire les phrases suivantes devant une personne qui pourra corriger vos erreurs de prononciation.

Et si vous avez des difficultés à prononcer certains mots, sachez que le bon rythme de lecture de l'allemand exige des pauses entre les mots ainsi que devant tout « Z » et devant tout « H » suivi d'une voyelle que vous trouverez au sein d'un mot.

Zwei schnelle Züge sind heute na**ch** Fr**a**nkr**ei**ch gefahren[32].

Diese junge Verk**äu**ferin verk**au**ft heute **sp**anische Zitronen.[33]

Ich mag diesen Hafen. Hans ist verheiratet[34].

Die Mutter meiner jungen Kusine w**oh**nt in Frankreich[35].

Kakao ist **au**ch gut für unsere Kanzlerin[36].

Die **Sp**rache eines **V**olkes ist seine S**ee**le.[37]

Herr B**eh**r hat ein l**an**ges Gew**eh**r[38].

---

[29] Rappel phonétique : en allemand, le « U » se lit [OU].

[30] Le Bundestag est l'équivalent de l'Assemblée Nationale en France.

[31] Ein**s**, zwe**i**, dr**ei**, vier, f**ü**nf, se**chs**, **sie**ben, a**ch**t, ne**u**n, z**eh**n

[32] 2 trains express sont allés aujourd'hui en France.

[33] Cette jeune vendeuse vend aujourd'hui des citrons espagnols.

[34] J'aime ce port. Attention, si vous prononcez « Hafen » comme le mot « Affen » (= le singe) on comprendra « j'aime ce singe » ! Hans est marié. Pensez à faire une pause devant le « h » du mot « verheiratet ».

[35] La mère de ma jeune cousine habite en France.

[36] Le cacao est également bon pour notre chancelière.

[37] Die Seele= l'âme. Die Sprache = la langue. Das Volk = le peuple. L'âme d'un peuple réside dans sa langue. (dicton allemand)

[38] = M. Behr a un long fusil.

Arrêtons-nous ici le temps d'un premier bilan. Nous avons vu dans l'introduction que l'apprentissage des langues reposait sur 4 piliers :

- **la phonétique,**
- **le vocabulaire,**
- **l'orthographe,**
- **la grammaire.**

Maintenant que nous avons constaté premièrement que les bases de la phonétique allemande s'apprenaient facilement, deuxièmement que toute lettre présente dans un mot allemand se prononçait et troisièmement que tout son prononcé s'écrivait, **nous sommes en mesure de dresser le tableau suivant à propos de la phonétique :**

	Langue française	Langue anglaise	Langue allemande
Phonétique	assez difficile	très difficile	Facile

En ce qui concerne la phonétique c'est de loin l'anglais qui est le plus difficile.

***Allright*, mes amis, le tableau suivant montre toutefois que les difficultés entre les langues sont bien réparties. Mais *okay boys*, je dois admettre que la langue allemande n'est pas obligatoirement plus difficile qu'une autre à apprendre.**

Tableau présentant les difficultés des 3 langues européennes occidentales les plus parlées.

(+ = facile; ++ = assez difficile ; +++ difficile ; ++++ très difficile)

	Langue française	Langue anglaise	Langue allemande
Phonétique	+++	++++	+
Vocabulaire	++°	++°	++
Orthographe	++++	++	+
Grammaire	sera vu ultérieurement		

° = simple pour les peuples parlant une langue indo-européenne.

Vous trouverez d'autres précisions sur la phonétique allemande dans la suite de cet ouvrage. Toutefois, comme nous voulons vous permettre d'être rapidement en mesure d'exprimer des idées simples en allemand nous allons maintenant vous livrer des solutions « clef en main » grâce auxquelles vous pourrez dire bien des choses sans avoir à décliner ou à conjuguer quoi que ce soit.

MAIS EST-IL POSSIBLE DE DIRE CERTAINES CHOSES EN ALLEMAND SANS « FAIRE DE GRAMMAIRE » ?

Certains affirment que non – les pages suivantes vont cependant clairement nous montrer qu'ils ont tort.

PALIER 1 : L'ALLEMAND EN ÉVITANT LA GRAMMAIRE

Après avoir grand ouvert vos oreilles, ouvrez maintenant grand vos yeux !

Pour parvenir à dire certaines choses sans avoir à se battre à chaque fois avec les déclinaisons, nous vous invitons à apprendre et à utiliser de manière automatique deux expressions toute faites qui servent de sésame à des suites de mots qui - réjouissons-nous- ne demandent ni à être conjuguées ni à être déclinées.

Le sésame „ich möchte"

Le principe génial du starter langagier

Nous allons découvrir dans les pages suivantes un premier « sésame » ou « élément introductif futé » que nous vous recommandons d'apprendre par cœur : Il s'agit de « ich möchte bitte » (= je voudrais s'il vous plaît).

L'élément introductif futé
„ICH MÖCHTE (bitte)"
fonctionne comme un véritable sésame.

Mais, pour mes amis mécaniciens je préfère dire que « ich möchte » fonctionne comme un *starter*[39] linguistique, à employer sans modération :

En tant qu'ami de la mécanique je préfère également parler de « starter linguistique », tout simplement parce que ce « dispositif » permet de vous faire démarrer à coup sûr. Il vous invite ensuite à embrayer en douceur sur des éléments linguistiques complémentaires prêts à l'emploi, permettant de démarrer facilement une conversation), qui peuvent être pris au choix dans la liste suivante :

- **un verbe à l'infinitif (ex : telefonieren, reservieren, trinken),**
- **un nom avec un sens partitif (du, de la, des),**

---

[39] Pour les plus jeunes : un starter est un dispositif, très répandu sur les véhicules jusqu'à la fin des années 1990, qui permettait de lancer les moteurs en leur donnant un surplus de chauffe au démarrage. Une fois lancé, on pouvait retirer le starter. Nos « starters linguistiques » fonctionnent selon le même principe.

- un pluriel indéfini (des),
- un nombre pluriel (2, 3…20,… 100, etc.).

ICH MÖCHTE - JE VOUDRAIS et ses compléments automatiques

Ich möchte bitte (je voudrais s'il vous plaît) est un de **ces „starters linguistiques" à prononcer de manière automatique afin de vous permettre d'embrayer facilement en le faisant suivre dans la foulée de :**

 +  **UN INFINITIF SEUL :**

Ich möchte bitte (+ un infinitif)	**▸ Ich möchte bitte essen. (Je voudrais manger).**
Exemples : Ich möchte bitte…▶	…telefonieren, reservieren. …diskutieren, argumentieren. …zelebrieren, recherchieren.

 … +  **UN INFINITIF ACCOMPAGNÉ D'UNE QUANTITÉ VAGUE (un peu de) ou de NICHTS (rien)**

Exemples :	**etwas organisieren** (organiser quelque chose).
Ich möchte bitte….	…**nichts** machen (ne rien faire). …**viel** argumentieren (beaucoup argumenter). …**alles** reparieren (tout réparer).

... + UN PARTITIF (IDÉE DE QUANTITÉ PARTIELLE)

La quantité partielle = ex : de la salade, du pain, des frites....

LE PARTITIF ET LES INFINITIFS

STARTER LINGUISTIQUE +	... par exemple ▼ :
Ich möchte bitte +	Musik spielen (jouer de la musique). Klavier spielen (jouer du piano). Salat essen. Schokolade kaufen.

+ UNE QUANTITÉ CHIFFRÉE SUPÉRIEURE À „1“ (+ Infinitif)

STARTER +	... par exemple ▼ :
Ich möchte bitte +	...zwei-drei-vier Bücher (livres) ...fünf (5), sechs (6) Karotten ... zehn (10), ... Äpfel (pommes) ...zwanzig (20) Bananen.

+ UN AUTRE ÉLÉMENT INTRODUCTIF AUTOMATIQUE

+ ETWAS ou NICHTS + « Adjectif avec une majuscule à l'initiale + ajout de la terminaison « es »

Exemples :

Ich möchte bitte etwas
Je voudrais svp ...

- **Gutes** (quelque chose de bon)
- **Schönes** (quelque chose de beau)
- **Wichtiges** (quelque chose d'important)
- **Kleines** (quelque chose de petit)
- **Billiges** (de bon marché)

Ich suche NICHTS

- **Interessantes** (je ne cherche rien d'intéressant)
- **Anderes** (je ne cherche rien d'autre)[40]
- **Besonderes** (je ne cherche rien de particulier)

... + UN NOM NEUTRE AU SINGULIER

Exemples :

Ich möchte bitte

- ein Brot, (un pain)
- ein Papier (un papier)
- ein Glas (un verre)
- ein Brötchen (un petit pain)

[40] Etwas anderes sans majuscule à l'initiale est également possible (mais uniquement avec cet adjectif).

+ UN NOM NEUTRE AU SINGULIER INTRODUISANT UNE NOTION DE QUANTITÉ

Exemples :

Ich möchte bitte + ►

ein Glas (un verre)	►	Wein	...un verre **de** vin
		Wasser	... un verre **d'**eau
		Limonade	... un verre **de** limonade
ein Kilo (un kilo)	►	Orangen, Zucker	un kilo **d'**oranges, **de** sucre
ein Stück (un morceau)	►	Kuchen	un morceau **de** gâteau
		Pizza	un morceau **de** pizza

= ►Ich möchte bitte ein Bier, ein Glas Wasser, ein Glas Wein ... ein Stück Kuchen, ein Stück Schokolade, etc.

+ UN PLURIEL SIGNIFIANT « DES »

+ UN PLURIEL SIGNIFIANT « DES »	
Exemples : **Ich möchte bitte +**	Bücher (kaufen)—(acheter des livres) Tomaten (kaufen) Autos und Bonbons (kaufen)

° =cas du pluriel indéfini

Conclusion : Il est possible de dire beaucoup de choses en allemand sans avoir à décliner quoi que ce soit... Il faut pour cela connaître un certain nombre de starters langagiers fonctionnant comme de véritables sésames.
Nous vous en avons présenté un : le starter « ich möchte bitte ».
Nous allons maintenant vous en présenter quelques autres:

AUTRES EXEMPLES DE STARTERS LINGUISTIQUES FONCTIONNANT UN PEU COMME „ICH MÖCHTE":

Les sésames « brauchen, suchen et haben »

(avoir besoin de - chercher - avoir)

Ich brauche 2, 3, 4…+ J'ai besoin de 2, 3, 4	zwei-drei-vier **Bücher**[41]. *zwei, drei, vier…* **Äpfel**. ….. *zwölf—(12) hundert (100)* **Autos**.
Ich suche (Je cherche)	….*2,3,4…* **Freunde** (amis). … *15* **Kollegen** (*fünfzehn* Kollegen). ….. *zwanzig* **Privatschüler** (20 élèves privés).
Ich habe (j'ai)	….. *20* Kollegen (*zwanzig* Kollegen). …*100* Tomaten (*hundert* **Tomaten**)
…..	… *tausend* **Euro** (*1 000* Euros). …**ein Glas Milch und 100 Gramm Käse** (un verre de lait et 100 g de fromage)

LE VERBE SEIN IMMEDIATEMENT SUIVI D'UN ADJECTIF

Le sésame « SEIN » + adjectif invariable

Il est aisé de décrire un objet ou une personne en allemand parce que, contrairement à ce que l'on ferait en français, un adjectif qui suit le verbe auxiliaire *« sein » (être)* ne s'accorde ni en genre ni en nombre avec le sujet.

[41] Il faut ici seulement connaître la forme plurielle des mots. Les pluriels ne sont pas difficiles à apprendre en allemand. Nous les apprendrons dans un prochain ouvrage. Retenez toutefois, à titre d'exemple, qu'un mot terminé par «E» a dans 99% des cas un pluriel en «EN». Ex : eine Tomate. Zwei Tomaten.

En allemand les adjectifs qui suivent le verbe « *sein* » sont invariables.

FRANCAIS	ALLEMAND

Elle est belle. **(adjectif décliné en français)**	Sie ist schön (Ø déclinaison en allemand)
Il est beau (même remarque).	Er ist schön.
Elles sont belles : idem.	Sie sind schön.
Ils sont beaux : idem.	Sie sind schön.

Ou, si vous préférez :

	 invariable en allemand (Tant mieux !)	variable en français 
Angela ist (est)	**schön** 	belle
Franz ist (est)		beau
Franz und Peter (sind/sont)		beaux
Angela + Petra (sind/sont)		belles

À SE NOTER : LES ADJECTIFS ISOLÉS (c'est-à-dire non suivis d'un nom) **ne se déclinent jamais en allemand.**

Tant mieux car cela permet de parler de soi (ich bin froh) et des autres (du, er, sie, wir/…/sie) sans avoir à décliner quoi que ce soit !

Regardez :

SEIN →	ich bin (je suis)	+	▶ gut (bon)
	du bist (tu es)		▶ klein (petit)
	er/es/sie/ ist[42] (il/elle est)		▶ groß (grand)
	wir sind (nous sommes)		▶ teuer (cher)
	ihr seid (vous êtes)		▶ blau (bleu)
	sie sind (=ils/elles sont)		▶ schön (beau)

CONCLUSION :

IL EST POSSIBLE DE DIRE BIEN DES CHOSES EN ALLEMAND DE MANIÈRE FLUIDE ET QUASI AUTOMATIQUE, VOIRE « INTUITIVE » DANS DES SITUATIONS COURANTES DE LA VIE.

Hélas, les ruses et astuces qui précèdent connaissent leurs limites. En effet, s'il vous est désormais facile de dire « je voudrais svp **des »**, ce qui permet d'acheter en grosses quantités ☺, il ne vous est hélas pas encore possible de dire « je voudrais les » ou encore, « je voudrais un » ou « je voudrais une »...

ET LA DÉCLINAISON DANS TOUT CELA?

La déclinaison allemande existe ! Nous la rencontrerons rapidement afin de vous permettre d'acheter :

- Ou bien « du », « de la », « des » + nom **avec un adjectif**,
- Ou bien 2,3.... 1000 choses **avec un adjectif**,
- **Ou bien une seule chose** avec ou sans adjectif.

SACHEZ TOUTEFOIS QU'IL EST ENCORE POSSIBLE D'ACHETER (SANS DÉCLINER) DES QUANTITÉS LIMITÉES D'OBJETS :

A. En utilisant au pluriel les très pratiques « sésames quantitatifs invariables » que sont les mots « Liter » (litre), « Gramm» (gramme) et « Kilo » et en les faisant suivre d'un partitif = (F) de + ce que vous souhaitez acheter !

Ex :

Ich möchte bitte 100 Gramm **Käse** (kaufen) (= 100 gr. de fromage).

[42] Er ist = il est; es ist = cela est; sie ist = elle est.

Ich brauche 2 Kilo **Fleisch** (= 2 kilos de viande).
Ich suche 3 Liter **Milch** (= 3 litres de lait).

B. En utilisant après « ein » les mots neutres « Päckchen » (paquet), « Stück » (un morceau de) et « Glas » (un verre de), et en les faisant suivre du partitif (toujours sans adjectif) :

Ex : un verre de + partitif =

Exemple : « ich möchte bitte ein Glas Limonade »

Un morceau de + partitif =:

Exemple : « Ich möchte bitte ein Stück Kuchen[43]»

*C'est bien, mais je vous rappelle que nous sommes hélas encore incapables d'acheter bien des choses au détail ! (un, une/chose) ou en utilisant des adjectifs en accompagnement de noms (par ex : des tomates **françaises**).*

Moment, meine Freunde ! - Un instant mes amis ! Nous allons bien entendu bientôt apprendre à remédier à ce problème grâce aux déclinaisons..Toutefois, avant de devenir des spécialistes de la déclinaison allemande au nominatif et à l'accusatif (ce que vous serez normalement à la fin de cette méthode[44]), nous allons dans l'ordre :

- apprendre des premières astuces qui vous permettront de deviner quel est le genre d'un peu plus de 50% des noms allemands et de plus de 80% des noms que vous allez rencontrer dans les phrases allemandes courantes[45].
- lire une partie intitulée « La déclinaison pour les débutants. Partie réflexion ».
- apprendre à décliner au nominatif et à l'accusatif.

Vous avez désormais à votre disposition des ingrédients de base pour parler allemand. C'est bien, mais il vous reste encore à apprendre à relier ceux-ci harmonieusement les uns avec les autres, comme je le fais au quotidien dans mes recettes de cuisine.

Pour cela il va falloir apprendre des premiers rudiments de grammaire.
Nous allons nous y attacher, mais en nous basant sur une aide de taille :

La logique de la langue allemande !

En effet, en allemand, tout est prévisible, car logique et organisé. Nous allons le voir. Toutefois, avant de continuer, consacrons encore quelques pages à la phonétique allemande.

---

[43] Ein Stück Kuchen = un morceau de gâteau. ☺

[44] Le datif et le génitif seront abordés dans une méthode ultérieure.

[45] Cette différence de pourcentage tient au fait que dans de très nombreuses phrases nous parlons d'êtres vivants (personnes ou animaux). Or, nous allons bientôt découvrir que le genre des êtres vivants est facile à connaître☺.

PHONETIQUE 1 : LA PRONONCIATION DES VOYELLES ALLEMANDES

COMPLÉMENTS D'INFORMATIONS SUR LA PHONÉTIQUE ALLEMANDE

La phonétique allemande n'est pas compliquée. Les exercices simples que nous vous proposons dans les pages à venir vont vous en apporter la preuve. Sachez toutefois qu'il est indispensable que vous fassiez régulièrement corriger votre prononciation par une personne qui maîtrise l'allemand.

Seule une poignée de consonnes et de voyelles isolées allemandes se prononcent différemment de leur équivalent français.
Quant aux voyelles qui, comme c'est le cas de « ei », « au », « eu » etc., sont associées à une autre pour former un tandem, elles se prononcent toujours différemment d'en français à l'unique exception de « IE » que l'on trouve par exemple dans « d**ie** Philosoph**ie** » qui, comme en français dans le prénom Sophie. se prononce comme un « i » long,

Pour vous aider à débusquer les voyelles, seules ou en tandem (ex : « e »+ « i » = la diphtongue[46] « ei ») et les consonnes ou associations de consonnes (« C+H ») qu'il convient de prononcer en étant particulièrement vigilant, nous avons inventé une phrase. Celle-ci, que vous allez découvrir sur la page suivante, contient quasiment l'ensemble des difficultés rencontrées par les Français pour prononcer les mots allemands.

---

[46] Une diphtongue est un tandem de voyelles se lisant comme deux sons distincts. D'un point de vue linguistique rigoureux, ce terme n'est pas toujours bien utilisé par nos personnages. Veuillez ne pas leur en vouloir. Ils l'emploient de manière à simplifier les choses.

Jochen KAUCHBACH versucht heute in Frankreich Lachs und Käse zu verkaufen.

Littéralement : Jochen Kauchbach essaie de vendre aujourd'hui en France du saumon et du fromage.

Lorsque vous serez en mesure de lire correctement cette phrase sans hésiter, vous maîtriserez la phonétique allemande dans sa globalité.

Jochen KAUCHBACH versucht heute in Frankreich Lachs und Käse zu verkaufen

Voyons sans plus attendre comment, en allemand, il convient de prononcer la plupart des voyelles, seules ou en tandem, contenues l'encadré précédent :

Deux groupes de voyelles

Les voyelles allemandes isolées se séparent en deux groupes :

1) **le groupe des voyelles appelées « camisole »** parce qu'il s'agit du « a », du « i », du « o » et du « e » qui sont contenues dans ce mot.

2) **le groupe des voyelles qui ne se trouvent pas dans ce mot (soit les voyelles « u » et « y »).**

Chacun de ces groupes peut être divisé à son tour en deux sous-groupes que nous allons maintenant vous présenter.

I) Les voyelles „camisole" isolées

Non accompagnées d'une autre voyelle, « a », le « o », le « i » et dans une certaine mesure le « e », (qui sont contenues dans le mot « camisole »), se prononcent le plus souvent comme en français :

Le « A »

* *A*- se lit notamment toujours comme le « a » français dans le mot „camisole.

- ex : ° Lachs° (le saumon)- alt (vieux).

Le « *I* »

* I - se lit toujours à peu près comme le « i » français dans le mot „camisole".

- ex : °in°, °Liste°.

Le « O »

- Suivi de deux consonnes, identiques ou différentes, le O- se lit normalement comme le „o" en français dans le mot „camisole".
  - Ex : °*Jochen* (prénom), ou *wollen* (vouloir) »

Le « *O* » non suivi de deux consonnes et le « *O* » suivi d'un « h » sont toujours prononcés comme le « o » des mots « roses » et « jaune ».

- ex : das Büro, M**o**ritz (prénom), er w**oh**nt hier /il habite ici/,.

Le « E » hésitant

À la différence du français (qui ne lit pas tous les „E" qu'il écrit), le „E" allemand est toujours audible, dans des formes différentes que l'usage vous indiquera rapidement.

Ceux qui aiment les règles pourront cependant retenir celles-ci :

Le « E » en début de mot ou à l'intérieur d'un nom
se lit généralement comme un « ê » et parfois comme un « é » français

- **« comme un « ê » français :**

ex : der Vetter[47] (le cousin), verkaufen (vendre), lernen (apprendre), sprechen (parler).

---

47 Avez-vous pensé à prononcer le « V » allemand comme un « F », comme nous l'avons vu plus haut?

- **« comme un « é » français** (plus rare):

ex : der Weg (le chemin), der Esel (l'âne), Erich und Emil.

Le « E » en fin de mot..:

…se lit normalement comme le « e » du mot « CE » mais de manière plus tonique que dans ce mot français.

Ex : die Frage (la question), die Schule (l'école), die Zitrone, die Tomate, die Marmelade, die Lampe, etc..

Francophones, RETENEZ SURTOUT CECI : Alors qu'en fin de mot le « E » français inaccentué ne s'entend généralement pas « (ex : la limonade), en allemand, tout « E » final isolé est systématiquement prononcé de manière clairement audible, comme le « e » du mot français « ce », mais de manière plus tonique.

Le « E » à la fin d'un mot comptant plus d'une syllabe :

…se lit également souvent comme le « e » du mot « CE » mais de manière plus tonique que dans ce mot français.

ex : der Vogel (l'oiseau), dieser Schüler (cet élève), trinken (boire).
Du möchtest. Er findet etwas Neues (il trouve quelque chose de nouveau)

II) Les voyelles „camisole“ associées

Le « E » double

La lettre « e » doublée se lit comme « é » du mot « été », mais en allongeant ce son.

(Exemples : der Tee [Té :], der Kaffee [Kafé :] das Meer [Mé :r], (la mer), etc.)

« IE » = le « E » après un « I »

Un « I » suivi de la lettre E est long (allonger la lecture du « i »).

Ex : D<u>ie</u>se [di:z°e] Frau wohnt nicht h<u>ie</u>r [hi:r] (Cette femme n'habite pas ici). S<u>ie</u> [z°i :] sucht Pap<u>ie</u>r [papi:r] (elle cherche du papier).

Exercice :
Entraînez-vous à lire les mots suivants sur lesquels j'ai mis en gras tous les « E » ne se prononçant pas à peu près comme « E » dans le mot français « LE ».

1/ d**ie** Pistole- d**ie** Minute- d**ie** Woche 2) d**e**r Vogel- d**e**r **E**sel -- d**ie** Mutter- d**e**r Bruder -- d**e**r Wagen, ich möchte **e**ssen, d**ie** **E**rdb**ee**ren (les fraises) , d**e**r T**ee**, d**e**r W**e**g (le chemin) , d**ie** **E**rdb**ee**re (la fraise), **der** Fremde (l'étranger), d**ie** Grenze (la frontière), Berlin[48].

III) Les voyelles non „camisole" isolées

La lettre « U »

(= le son « ou »)

- **En allemand la lettre « U »** se lit comme [ou] en français

Le « U » allemand ne se prononce pas comme le « u » français, mais comme le son rendu en français par la combinaison „o+u" :

Ex : *Ich versuche zu essen. (j'essaie de manger).*
Der Hund. Stuttgart. Offenburg.
*Die **U**-Bahn (le métro).*

- Le son « u » (du mot français « hutte ») existe en allemand, mais il se retranscrit par un « U » surmonté de trémas particuliers que l'on appelle « signe du Umlaut » (littéralement = « signe du changement de sons). Ex : *Die H<u>ü</u>tte* (= la hutte).

---

[48] Les « e » non mis en gras se lisent ici à peu près comme le « e » que l'on trouve dans le mot français « ce ». Les « ie » soulignés se lisent comme un « i » long.

[Le son U]

Seul un « U » surmonté du signe de l'Umlaut se prononce comme les « u » que l'on trouve dans le mot français « uniforme ».

> Exemples de « ü » : *Herr Müller, Jürgen* (prénom),
> *die Hütte, die Bücher* (les livres), *der Schüler* (l'élève).

La lettre Y

Le « y » se prononce comme le „u" de la lettre grecque „upsilon", c'est-à-dire comme un « Ü » :

> Exemples : Dieser Typ ist lieb. Ein dynamischer Mann.
> Eine sympathische Frau. Eine Analyse.

IV) Les voyelles non „camisole" associées

Les autres voyelles allemandes

Les voyelles allemandes suivies d'un « N » ou d'un « M »

En français, les voyelles associées ou bien à un seul **« N »**, ou bien à un seul **« M »** ou bien à une autre voyelle se prononcent normalement en un seul son (ex : „**fraicheur**- **autour**„- **enseignant**- **envie**-lampe- **important**, etc...)

En allemand, toute voyelle associée ou bien à un seul **« N »**, ou bien à un seul **« M »** ou bien à une autre voyelle que « E » **se prononce comme deux sons**[49].

[49] Exceptions vues plus haut. Un « I» ou un « E » associé à un «E» se prononce comme un seul son, à savoir comme un « I » long. Ex : hier ist kein Bier (il n'y a pas de bière ici) un son « é » long (ex : der Kaffee = der [Kaffé :].

Pour rappel, seules les voyelles associées à un seul **« N »**, à un seul **« M »** se prononcent comme si un « N » ou un « M » supplémentaire existait.

Conséquence heureuse :

- *die Lampe* se lit comme si ce mot s'écrivait : « *LA[M]MPE
- *interessant* se lit comme s'il s'écrivait : *IN[N]TERESSAN[N]T
- *Frankreich* (la France) se lit comme si ce mot s'écrivait *FRAN[N]KR[AÏ]CH, etc.

Les voyelles allemandes non suivies d'un « E »

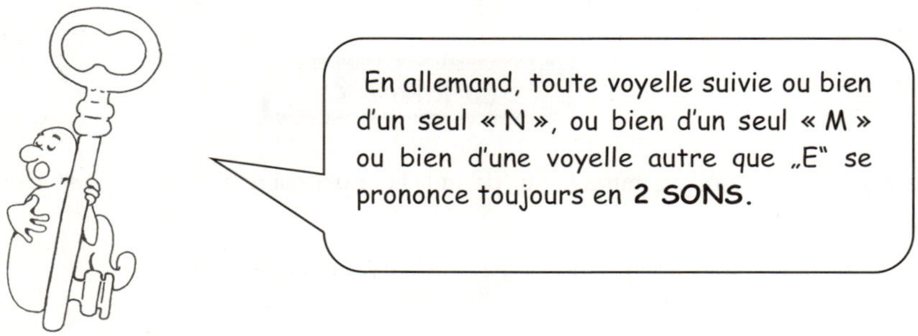

Exemples :

Ex : Frankreich- heute- kaufen- auch- Import- ein Auto- die Geographie[50]- Mai - Maria- Bayern (la Bavière), Herr Meyer, etc.

Et les voyelles placées devant un « H » ?

Toute voyelle suivie d'un « H » s'allonge franchement :

Ex : *Lahr, es ist wahr (c'est vrai), mehr (plus), die Lehrerin wohnt in Mühlhausen (La professeure habite à Mülhouse)*, das Gewehr[51] (le fusil), die Feuerwehr (les pompiers).

---

[50] Notez que dans ce mot, la combinaison « ie » ne se prononce pas en 2 sons, mais comme un « i » long. C'est normal puisque la lettre « E » suit une autre voyelle. Remarque pour les « spécialistes » : Si en revanche un « N » final suivait l'ensemble de voyelles associées « IE », celle-ci se lirait toutefois en 2 sons comme c'est le cas dans le mot « Ferien » (les vacances).

51 Un « e » suivant un « H » se lit comme un [é] long.

Ex : Lisez : Herr Behr arbeitet als Feuerwehrmann
(M. Behr travaille comme pompier) !

LES VOYELLES SOUS L'INFLUENCE DU β

La lettre β

J'aime cette lettre typiquement allemande[52] qui, tel un capitaine, commande les voyelles qui la précèdent!

Cette consonne, appelée „eszett" (à prononcer „èss-tsèt"), se forme comme un B majuscule très arrondi côté droit, possédant, côté gauche, une sorte de „queue de pie" qui descend à la verticale loin derrière son dos.

Quelle classe le β. Cette traîne confère un air si noble à cette consonne qui, avec son ventre un peu rebondi **se lit toujours comme deux „S"**.

Alors pourquoi ne pas écrire deux „S"?

La raison est phonétique.

- Le léger embonpoint du β a tendance à retenir les sons qui le précèdent.
Les voyelles placées devant cette consonne doivent donc être lues en traînant un peu (= la lecture de la voyelle qui précède doit être prolongée).

Exemple : der Fuβ (le pied), die Straβe (la rue ou la route), die Grüβe (les salutations)

[52] Oma ALUMETTe fait ici allusion au fait qu'en suisse allemand cette lettre n'existe plus.

- Etant donné qu'il faut plus de temps pour prononcer 2 voyelles qu'une seule, il est logique que les associations de voyelles (par exemple „ei" dans weiβ) soient toujours suivies d'un β.

Ex: ich heiβe Erika", (je m'appelle Erika) ich weiβ (je sais), drauβen (dehors) [dra-o-ssœu n].

En revanche, „parce que" les sons peuvent rapidement s'échapper entre les méandres formés par „S+S" une voyelle placée devant ces deux lettres se prononce toujours de manière brève.

Ex : der Fluss (la rivière), ich muss weggehen (je suis contraint de partir)

Exercice. Comparez la lecture entre :

Der Fluss (la rivière) et der Fuβball (le football)
bloβ (seulement) et der Boss (le chef)[53]

[53] Solution : le « o » devant bloβ doit se lire comme le mot français « *eau* ». Le « *u* » dans Fuβball doit se lire comme le mot français « *où* ». Le « *O* » placé devant «S+S» doit se lire comme le « *o* » du mot « *homme* ». Le «U» placé devant «S+S» doit se lire comme un « *ou* » bref.

PALIER 2 : L'ALLEMAND EN ACCEPTANT LA GRAMMAIRE

Entrons maintenant dans le vif du sujet : intéressons-nous à la grammaire allemande et à sa mécanique bien huilée.

Certes, Mesdames et Messieurs, mais pas avant de vous avoir rappelé une dernière fois que, sans décliner quoi que ce soit, il est possible d'exprimer pas mal de choses.

Débutants, n'oubliez jamais de recourir aux starters langagiers de l'allemand rappelés une dernière fois de manière synthétique sur les deux pages qui suivent:

DANS UN PREMIER TEMPS :

SORTIR DE VOTRE CHAPEAU UN STARTER LINGUISTIQUE

(par exemple le starter „ICH MÖCHTE"/"ICH BRAUCHE" /"ICH SUCHE"...)

DANS UN SECOND TEMPS :

AJOUTER UN COMPLÉMENT AUTOMATIQUE ET PRATIQUE[54]

POUVANT ÊTRE AU CHOIX :

a)-La combinaison automatique pratique + ETWAS + Adjectif+ES »	Ex : ich suche etwas Schönes (Je cherche qqc de beau)
b)-La combinaison pratique +NOM COMMUN au singulier sans adjectif	Ex : ich brauche Brot (und Marmelade) (J'ai besoin de pain /et de confiture/)
c)- La combinaison automatique pratique +NOM COMMUN au pluriel sans adjectif	Ex : ich möchte Pommes (je voudrais des frites)
d)- La combinaison automatique et pratique + CHIFFRE supérieur à « 1 » +NOM COMMUN au pluriel sans adjectif	ex : ich möchte zwei, drei, hundert (=100)... Tomaten kaufen (Je voudrais acheter 2 3... 100 tomates)

[54] « pratique » car ne demandant ni à être décliné différemment selon le genre, ni à être conjugué.

Il y a enfin un cas encore plus « magique » (!) qui fonctionne aussi avec le starter linguistique « ICH MÖCHTE » !

1) UTILISATION DU STARTER LINGUISTIQUE « **MÖCHTE** »

2) AJOUT DES MÊMES **COMBINAISONS AUTOMATIQUES** PRATIQUES QUE PRÉCÉDEMMENT, MAIS AVEC UN **INFINITIF** VERBAL EN PLUS, TOUT À LA FIN.

« MÖCHTE ETWAS »

+combinaison automatique +  **INFINITIF**

Ex : ich möchte etwas Schönes **kaufen** ; ich möchte Brot (und Butter) **kaufen** (Je souhaite acheter du pain et du beurre);
ich möchte Bücher **lesen** (Je souhaite lire des livres); ich möchte zwei Würste und drei Brötchen **kaufen** (Je voudrais acheter 2 saucisses et 3 petits-pains).

Einen Moment Freunde !
Pour aborder la question de la déclinaison, il est incontournable de connaître le genre des noms !

ELEREN a raison. Aussi, sans attendre davantage, découvrons des ficelles qui vous aideront à deviner le genre de plus de 50% des noms que vous allez rencontrer en continuant l'apprentissage de l'allemand.

LE GENRE DES NOMS ALLEMANDS

Commençons par une bonne nouvelle. Ce n'est pas parce qu'en allemand, il y a 3 genres :

le masculin,
le féminin,
le neutre,

... qu'il faudrait s'imaginer que l'on a, à chaque fois, une chance sur trois de trouver le bon genre des mots.

Une douzaine de règles permet en effet de déterminer automatiquement et efficacement le genre de plus ou moins 70% des noms communs allemands avec une très grande probabilité.

Avant de vous confier quelques astuces à propos du genre des noms communs (ou « substantifs ») allemands nous vous recommandons fortement de faire la différence entre deux catégories de substantifs.

La première catégorie est constituée par les noms dits « transparents » pour les francophones.

La seconde catégorie comprend les noms « non-transparents », issus du fonds germanique.

LES NOMS TRANSPARENTS

Pour rappel de ce qui a été vu plus haut, le plus souvent issus du français, du latin ou du grec, parfois de l'anglais moderne, les noms transparents sont des mots « parlants » pour les francophones parce qu'en les entendant ou en les lisant ils peuvent deviner ce qu'ils signifient.

LES NOMS ISSUS DU FONDS GERMANIQUE

Nous trouvons enfin dans la langue allemande des noms, « typiquement allemands » pourrait-on dire, tels que *das Haus* (la maison), *der Mann* (l'homme), *der Fahrer* (le conducteur), *die Lehrerin* (la professeure), *die Kuh* (la vache), *der Zug* (le train), et bien d'autres, qui constituent le fonds germanique par opposition au fonds transparent.

Certaines règles permettent de deviner le genre de nombreux noms communs allemands issus du fonds germanique ou non (fonds transparent).

Apprenons dans ce premier ouvrage à nous sentir à l'aise avec le genre des *substantifs souche*[55] *allemands.*

Les règles à retenir pour ces noms reposent sur trois grands principes :

1▶ Le principe de la ***hiérarchie***
2▶ Le principe de la ***logique***
3▶ Le principe de ***l'économie*** *et du* ***recyclage***

[55] Le principe de nom souche a été présenté plus haut. Pour rappel, il s'agit des substantifs non-composés (ex : *der Schlaf* et *das Zimmer*), par opposition aux noms composés (ex : ***das** Schlaf**zimmer*** vu plus haut)

Photo-co-pi-rates
Renoncez à copier cet ouvrage.
Son prix est modique.
L'acheter c'est nous soutenir
Le copier c'est mettre notre
projet en péril.

LE GENRE DES NOMS ISSUS DU FONDS GERMANIQUE

Placée tout au sommet de la hiérarchie des règles pour les noms du fonds germanique, nous trouvons :

LA RÈGLE D'OR DES GENRES

La règle d'OR du „chen" et du « lein » neutres

Tout diminutif terminé par « chen » ou par « lein » est neutre[56].

Ex *: Das Brötchen, das Kaninchen (le lapin), das Päckchen (le petit paquet), das Mädchen, das Kätzchen (le chaton), etc.*

Dans un ordre hiérarchique décroissant viennent ensuite les règles suivantes :

LES RÈGLES D'ARGENT DES GENRES

I) LES RÈGLES D'ARGENT POUR LE GENRE DES VIVANTS

(Règle de la logique du sexe)

1° Le genre des personnes est « simplissime »

---

[56] Moins courant que le diminutif en « chen », le diminutif « lein » est typique du sud de l'Allemagne et de l'Autriche.

« DER » pour les hommes

*Les substantifs décrivant des hommes sont **logiquement masculins**.*
(ex : der Schüler, der Lehrer, der Bäcker, der Mann...)

« DIE » pour les femmes

*Les substantifs décrivant des femmes sont **logiquement féminins**.*
(ex : die Freundin, die Lehrerin, die Bäckerin, die Frau, die Fahrerin)
...

⚠ *DANKE PROFESSOR GEDAPLUS !*

L'introduction par le professeur Gedaplus du principe de la hiérarchie dans l'enseignement de la grammaire allemande permet de ne plus considérer « Mädchen » et « Fräulein » (règle d'or du diminutif) comme des « exceptions » par rapport au principe du sexe (règle d'argent- donc inférieure à la règle d'or).

« DAS » pour les asexués (ou considérés comme tels)

(Exemples : das Baby, das Kind, das Opfer...)

Comme c'est d'ailleurs le cas pour ces trois mêmes mots en français[57], certains noms de personnes dont on ignore s'il s'agit d'êtres masculins ou féminins (concept asexué général[58]) se voient logiquement attribuer un genre grammatical qui ne dit rien sur leur sexe[i].

> *Ex :« la » « victime » (même s'il s'agit d'un homme), « un » « bébé » (même lorsqu'il s'agit d'une fille).*

Comme l'allemand dispose d'un genre de plus que le français, à savoir « das », qui n'est ni masculin ni féminin, l'allemand a logiquement attribué le neutre aux mots asexués suivants :

(das) Baby, (das) Kind, (das) Opfer.

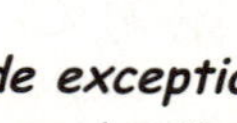

Logique- Logisch ! Nein ?

Notez la grande exception à la logique de l'asexualité:

- *„der Mensch": (l'être humain).[59] -*

---

[57] On dit en effet, en français, « un » enfant, et « un bébé » même lorsqu'il s'il s'agit d'une fille.

[58] Dans la langue française, ces mots sont d'ailleurs parfois dénués d'article. Exemple : « Bébé profite ». Remarque de Serguei Sakhno.

[59] Ce mot est bizarrement toujours masculin et non neutre (ce qui aurait été logique puisqu'il concerne tant les hommes que les femmes).

2) Le genre de nos amis les animaux est également simplissime

*Et en ce qui concerne nos amis les animaux....les choses sont carrément magiques. De **manière simplifiée, retenez que :***

Lorsque l'animal est désigné de façon générale, sans la distinction mâle/femelle, LE GENRE DES NOMS D'ANIMAUX EST LE PLUS SOUVENT LE MÊME QU'EN FRANÇAIS :

1-SAUF POUR :

die Katze (le chat), die Taube (le pigeon), die Ratte (le rat), die Ente (le canard).... et pour une poignée d'autres mots d'animaux que vous découvrirez petit à petit.

2- ET SAUF POUR LES PETITS DES ANIMAUX *(dans ce cas le genre habituel est logiquement neutre°).*

Ex : das Küken (le poussin), das Lamm (l'agneau), das Kalb (le veau),etc.

POUR LES NOMS D'ORIGINE GERMANIQUE RESTANTS LES RÈGLES D'ARGENT SONT LES SUIVANTES :

SONT FÉMININS D'ARGENT

Les noms terminés par:

« T » « EIT » « UNG » « SCHAFT » « EI »

« T » *les mots germaniques se terminant par « T » qui ne comptent qu'une syllabe et qui ne contiennent pas la lettre « o »* ***sont le plus souvent féminins***

ex : die Angst (la peur), die Wurst (la saucisse), die Stadt (________)[60]*,*
die Nacht (_______)
die Kraft (la force), die Kunst (l'art)

(principales exceptions *: der Hut (le chapeau), das Heft (le cahier), etc.)*

S'ils se terminent par ***« eit » « ung » « schaft » « ei »*** *et s'ils comptent* ***au moins deux syllabes****, sont féminins, les noms souche terminés par :*

EIT-UNG-SCHAFT-EI

[60] Arrivés à ce stade, vous devriez être en mesure de traduire vous-même ces noms simples. Si tel n' est pas le cas, voici une excellente occasion pour vous familiariser avec un dictionnaire ☺.

«...EIT»

ex : die Arbeit (l______), die Möglichkeit (la possibilité), die Gesundheit (la ______), die Dummheit (la __________), die Krankheit (la maladie), etc.

«...UNG» [61]

Ex : die Zeitung (le _____________), die Verspätung (le ________________), die Übung (___________), die Lösung (____________), die Wohnung, etc.

«...SCHAFT»

Ex : die Gesellschaft (la société), die Mannschaft (l'équipe), die Botschaft (l'ambassade), etc.

« ...EI »

Ex : die Bäckerei (la boulangerie), die Brauerei (la brasserie) die Polizei[62] *(la police), die Schweinerei (la cochonnerie) etc.*

[61] La langue allemande compte également de très nombreux noms semi-transparents terminés par « ung ». Ils sont tous féminins. Ex : Die Globalisierung (la globalisation), die Regierung (le gouvernement), die Liberalisierung (la libérisation), etc.

[62] ☺ Les noms *Teitung* et *Schaftei* étant d'origine étrangère, ne soyez pas étonnés de constater que le principe « T-EIT-UNG-SCHAFT-EI = nom féminin » s'applique aussi aux noms d'origine non-germanique. Ex : die Polizei, die Reservierung, etc… ☺

Retenez ce qui précède… grâce à un moyen mnémotechnique inédit qui permet de connaître le genre de milliers de substantifs allemands !

« Frau Teitung☺[63] » et sa fille « Schaftei »☺.

Voici « Frau *T-eit-ung* » et sa fille « Schaft-ei ».

Découvrons maintenant les neutres d'argent :

…sont neutres d'argent les noms terminés par « EN » uniquement lorsqu'ils sont dérivés d'un infinitif verbal[64] :

Das Essen (le repas) - das Lachen (le rire)[65] - das Leben (la vie) - das Fernsehen (la télévision) …

LES RÈGLES DE BRONZE

…sont « essentiellement MASCULINS (DE BRONZE) » les noms terminés par « EL » (ou par) **« ER** (ou par) **« EN »** (après une consonne) **qui ne sont pas des verbes substantivés » (cf. dernière règle d'argent)**

[63] Dans ce moyen mnémotechnique, les mots « Frau » et « fille » rappellent qu'il s'agit de noms féminins ☺ ! Retenons ces 2 identités.

[64] Il s'agit de noms formés sur la base d'infinitifs verbaux dotés d'une majuscule à l'initiale.

[65] Notons à ce propos qu'en français les noms issus de l'infinitif de certains verbes sont toujours masculins ex : le rire, le savoir-vivre, le goûter, le manger….

Les mots du fonds germanique terminés par « EL-ER-EN » (= les noms terminés par « EL », (ou par) « ER », (ou par) EN) sont le plus souvent masculins, parfois neutres, et rarement féminins.

Après avoir procédé à quelques recherches, le stagiaire du Kommissar Eleren résume à sa manière cette règle :

Les mots terminés par le son « EL » (ou par le son) « ER- » (ou par le son) « EN » sont :

- **masculins dans près de 70% des cas,**
- **parfois neutres** (environ 20% des cas)
- **très rarement féminins** (environ 10% des cas).

Ex : Der Esel (l'âne), der Sessel (le fauteuil), der Spiegel (le miroir), der Schlüssel (la clef), der Sommer, der Winter, der Fehler (l'erreur), der Boden (le sol), der Wagen (la voiture), der Rücken (le dos), etc.

Moyen mnémotechnique proposé pour associer les terminaisons « EL », « ER » et « EN » au masculin: ⚠ **Herr[66] EL-ER-EN**

Der Kommissar (ELEREN) en personne !!!

Mais soyons logiques : le principe de la hiérarchie s'applique :

Conséquence : les noms *die Schwester, die Mutter....[logique du sexe] - das Leben, das Essen, etc.[verbes substantivés]* [67] ne **sont pas à**

---

[66] « **Herr ELEREN**» En tant que mot clairement associé à la masculinité le mot « **Herr** » rappelle que les très nombreux noms terminés par « EL », par « ER » ou par « EN » sont généralement **masculins** (!)

considérer comme des exceptions étant donné qu' ils sont en accord avec le principe de la « logique du sexe d'un être vivant » ou de l'infinitif verbal substantivé qui constituent des règles hiérarchiquement supérieures à celle du « EL-ER-EN » :

> **Véritables exceptions** : **die** *Kartoffel*, **die** *Butter* (le beurre), **die** *Gabel* (la fourchette) [68], et quelques autres mots...

Notez que les noms féminins *Ampel* (les feux tricolores), *Insel* (l'île) ne sont pas des exceptions à la règles des « EL-ER-EN » puisqu'il s'agit de noms issus du fonds international.

(die Insel = insula en latin et *die Ampel* (les feux tricolores) = « l'ampoule » en français).

Question : Pensez-vous que les noms neutres das Tier (l'animal) das Bier (la bière), das Spiel (le jeu) et das Meer (la mer) sont des exceptions au principe du « EL-ER-EN »?[69]

SONT ÉGALEMENT MASCULINS DE BRONZE ...

- Des listes qu'il est parfois facile de réduire en expliquant par exemple par la logique pourquoi il est « nachvollziehbar » (= décryptable a posteriori) que les voitures soient de genre masculin en allemand et les motos de genre féminin :

---

67 et un certain nombre de noms en «EL»-«ER»-«EN» [en lien avec la cuisine] (ex : die Schüssel (le plat), die Gabel (la fourchette), die Kartoffel (la pomme de terre), die Bretzel (le bretzel), die Butter (le beurre) etc.)

68 ⊶ Il ne s'agit pas d'exceptions puisque le genre de ces noms est donné par des règles d'argent, hiérarchiquement supérieures aux règles de bronze.

69 Il ne s'agit pas d'exceptions à la règle du « EL-ER-EN » puisque ces terminaisons doivent suivre une consonne. Or, dans les exemples précédents elles suivent une voyelle.

Observez :

Der *Renault* ***Der*** *Opel*	*car ☺*	***der*** *(Renault-)****Wagen*** ***der*** *(Opel-)****Wagen***
Die Suzuki *Die BMW*	*car*	*die (Suzuki-)****Maschine*** *Die BMW-Maschine*

- Des listes qu'il est parfois possible de simplifier de manière ludique.. (nous le verrons dans le tome 2 de cette méthode), ☺ par exemple en disant que « les hommes aiment la météo » pour indiquer que les phénomènes météorologiques sont généralement masculins en allemand :

« der Schnee,(la neige) der Wind (le vent) , der Sturm (la tempête), der Regen (la pluie), etc.»

LES FÉMININS DE BRONZE

*... La dernière règle de bronze à connaître c'est la règle du « **E** »* suivant une consonne ou un « **H** »

LA RÈGLE DE BRONZE DU « E »

Sauf si cela a été prévu différemment par une règle supérieure (par exemple par la règle relative à l'adéquation entre le sexe évident de la personne que l'on a en face de soi et le sexe grammatical (ex : un mâle=▶ **der** Franzose**, un mâle =▶ der Bulle - le taureau- [70]) un nom terminé par un « E » suivant une consonne ou par un « H » est « toujours » féminin.**

> *Ex : (mots non-transparents): die Ruhe (le calme), die Sache (la chose), die Bitte (la demande), die Frage (la question), die Lage (la situation), die Blume (la fleur), die Taube (le pigeon en général, sans notion de sexe), die Ruhe (le calme), die Mütze (la casquette), die Brücke (le pont), die Schule (l'école), die Reise (le voyage),* ***et plusieurs centaines d'autres noms.***

Principales exceptions à connaître en tant que débutant :

Notons seulement, au passage, que parmi les quelques rares noms non-transparents terminés par « E » qui ne sont pas féminins, nous en trouvons

---

[70] ou encore, par exemple, par la règle de bronze des mots commençant par « Ge », souvent à sens collectif à l'origine, qui sont neutres, comme ***das*** *Gebirge (la chaine de montagne),* ***das Gemüse (les légumes), das*** *Gebäude (le bâtiment),* etc…

trois que les débutants rencontrent au cours de leurs premières heures de cours :

- *der Käse (le fromage)*
- *das Ende (la fin)*
- *das Auge (l'œil)*

Terminons enfin par une ultime astuce ô combien utile à connaître !

LA RUSE ARRANGEANTE DES NOMS COMPOSÉS

On trouve en allemand de très nombreux noms composés. Selon le principe de l'économie-recyclage, vu précédemment, ces mots sont du même genre que le nom principal (celui qui termine le nom composé) :

Exemples :
*Die Polizei + **der** Wagen= **der** Polizei**wagen** (la voiture de police)*
*(das) Auto + **die** Bahn = **die** Auto**bahn** (l'autoroute)*
*(die Weihnacht) Weihnachts + **der** Mann = **der** Weihnachts**mann** (le père Noël)*

Exercices

(der) Flug - das Zeug = das ....?
(das) Spiel- das Zeug =............................?
(das) Volk - der Wagen – d..........? Volkswagen
(die) Tanne - der Baum- d ...... ? Tannenbaum [71].

QU'EN EST-IL DU GENRE DES NOMS ISSUS DU FONDS « ÉTRANGER » OU « TRANSPARENT » ?

[71] Réponses : Das Flugzeug (l'avion), das Spielzeug (le jouet), der Volkswagen, der Tannenbaum (le sapin de Noël).

Intéressons-nous ici aux noms d'origine étrangère qui sont transparents pour les francophones.

J'ai trois excellentes nouvelles à vous annoncer à propos du genre des noms transparents.

1.▶ **La règle du sexe naturel s'applique normalement aux noms d'origine étrangère lorsque l'on sait si ceux-ci s'adressent clairement à un homme ou à une femme : ☺**

Ex : der Tourist- die Touristin – der Architekt, die Architektin[72].

2.▶ Un nom transparent terminé par un « **E** » suivant une consonne ou un « **H** » sera quasiment toujours féminin

Ex (mots transparents): *Die Tasse, die Karotte, die Orange, die Banane, die Pflanze (la plante), die Garage, die Gitarre, die Pistole, die Lampe, die Gruppe, die Rolle, die Suppe, die Laterne, die Ratte (le rat en général, sans notion de sexe), die Katze (le chat en général), die Chance, etc.* [73], et plus de cent autres noms courants.

3.▶ Les noms d'origine étrangère restants sont le plus souvent du même genre qu'en français.
« Le plus souvent », c'est-à-dire dans environ 80% des cas du même genre que dans leur mot correspondant en français!

ex : le thé ▶ der Tee, le corps ▶ der Körper, le Football ▶ der Fuβball, le dialogue ▶ der Dialog, le conflit ▶ der Konflikt, le rythme ▶ der Rhythmus, etc…
ex : la famille ▶ die Familie, la polémique ▶ die Polemik, la médiathèque ▶ die Mediathek, la symphonie ▶ die Symphonie, la symbiose, ▶ die Symbiose, etc.

---

[72] **Das** Idol, **der** Star… ne sont cependant des exceptions puisqu'il s'agit de noms transparents pouvant s'adresser tant à des hommes qu'à des femmes.

[73] Parmi les rares exceptions pour les mots transparents et semi-transparents notez « der Name » (le nom) et « der Hase » (le lièvre).

Parmi les quelque 20% de substantifs d'origine étrangère ne respectant pas ce principe, retenons facilement ceux terminés par :

« O MA AL UM ETT (+ E) »

Enquêteurs grammaticaux, pensez à ☺ „Oma [1] AlumettE", notre spécialiste des mots neutres d'origine étrangère ☺ :

Spécialiste du Rösti[74], Oma Alumett, qui est d'origine suisse alémanique, adore le neutre ».

C'est bien normal pour une personne originaire d'un pays neutre par excellence sur le plan de la politique internationale.

La marque de féminité d'Oma ALUMETTE s'affiche seulement à la fin de son nom (grâce au « E » final).

Seul le « E » du moyen mnémotechnique Oma Alumett**E** rappelle que sont féminins les noms terminés par un E (suivant une consonne) (ex : *die Gruppe, die Tomate, die Extase, die Etikette, die Marke, die Kantine, etc).*

---

[74] Rösti : spécialité suisse à base de pommes de terre.

📖 *« Oma Alumett est neutre »*

▼

O-MA-AL-UM* et *ETT *sont des terminaisons typiques très souvent portées par des noms neutres transparents que j'ai entendus dans ma neutre Suisse.*

Exemples de noms neutres *„parce que" terminés par „O-MA-AL-UM-ETT":*

O *: das Auto, das Büro, das Klo[75] ,... (exception : der Euro !)*
MA *: Das Aroma, das Drama, das Klima, das Thema, etc.*

AL *: das Kapital, das Material, das Personal, das Arsenal, etc.*
UM *: das Aquarium, das Datum, das Forum, das Stadium, etc.,*
ETT *: das Etikett[76], das Skelett, das Kabarett, das Bajonett, das Tablett, etc.*

Le cas du « E » final à la fin d'un nom transparent

Le « E » présent à la fin du moyen mnémotechnique Oma AlumettE signifie qu'un nom transparent terminé par « E » est normalement féminin, parce que le « E » à la fin du nom de famille « ALUMETTE » exprime la touche de féminité qu'a indéniablement (malgré son âge) notre amie suisse[77] Oma Alumett.

- **Non seulement** les noms étrangers allemands **terminés par « E »** qui étaient déjà des féminins terminés par « E » en français sont restés des féminins en allemand :

  (Ex : die Lampe, die Gitarre, die Trompete, die Hütte, die Kantine, die Marke, die Karte, die Laterne....)

---

[75] Das Klo = les toilettes.

[76] Das Etikett = l'étiquette en papier.

[77] Le terme suisse, synonyme de « neutre » s'applique en revanche aux terminaisons « O-MA-AL-UM et ETT

- ⚠...**mais en plus**, notez le bien ⚠,les noms transparents terminés par « E » en allemand dont le « jumeau français » n'est pas féminin deviennent féminins en allemand à cause de la présence du « E » final dans cette langue:

Suivent quelques exemples de noms transparents féminins portant la touche final**E** de féminité d'Oma Alumett**E**, la Suissesse.

*Ex : „ **die** Kontrolle“ (alors que nous avions **le** contrôle en français) ; **die** Gruppe (le groupe en français) ; „ **die** Rolle“ (le rôle en français), ☺ bien sûr die Schokolade ☺et tous les noms allemands terminés par AGE (Ex : Le garage ▶ **die** Garage, le bandage ▶ **die** Bandage, un étage▶ ein**e** Etage, le massage ▶ **die** Massage et bien d'autres !)*

Exercice a : Trouvez le genre des mots transparents suivants :

___ Karte, ___ Konflikt, ___ Kaffee, ___ Aquarium, ___ Limonade, ___ Auto, ___ Computer, __ Karambolage, ___ Fahrkarte, ___ Minute, ___ Kilometer, ___ Kilo, ___ Tablett, ___ Lampe, ___ Kino, ___ Kontrolle, ___ Tomate, ___ Tee, ___ Gruppe, ___ Suppe, ___ U-Bahn-station, ___ Internetportal, ___Tunnel, __ Studium, __Oase, ___ Motor, ___Traktor, __ Signal, _ Tempo[78].

Exercice b : Retrouvez le genre des substantifs suivants

Vogel, Lehrerin, Päckchen, Polizist, Frau, Mädchen, Übung, Bäckerei, Stadt, Mannschaft, Gesetz, Ruhe, Frage, Sessel, Sommer, Rücken, Röstigraben[79]

Analyse, Konflikt, Dialog, Banane, Radio, Signal, Aquarium, Tablett, Garage.[80]

---

[78] Die Karte, der Konflikt, der Kaffee, das Aquarium, die Limonade, das Auto, der Computer, die Fahrkarte, die Minute, der Kilometer, das Kilo, das Tablett, die Lampe, das Kino, die Kontrolle (!), die Tomate, der Tee, die Gruppe (!), die Suppe, die U-Bahn-station, das Internetportal, der Tunnel, das Studium, der Motor, der Traktor, das Signal, das Tempo; et die Karambolage et die Oase (l'oasis).

[79] Le terme « Röstigraben » qui signifie « le fossé du Rösti» (voir quelques notes plus haut) » est le terme inofficiel employé en Suisse pour parler avec humour de la frontière linguistique qui sépare la Suisse alémanique (d'où sont originaires les Rösti) du reste de la Confédération helvétique, qui est essentiellement francophone ou italophone. Terminé par « EN », ce terme est bien entendu masculin.

[80] Der Vogel (l'oiseau), die Lehrerin (la professeure), das Päckchen (le petit paquet), der Polizist, die Frau, das Mädchen, die Übung (l'exercice), die Bäckerei (la boulangerie), die Stadt (la ville), die Mannschaft (l'équipe), das Gesetz (la loi), die Ruhe (le calme), die Frage (la question), der Sessel (le siège), der Sommer (l'été), der Rücken (le dos), die Analyse, der Konflikt, der Dialog, die Banane, das Radio, das Signal, das Aquarium, das Tablett (le plateau ou la tablette électronique), die Garage.

LA DÉCLINAISON POUR DÉBUTANTS

PARTIE RÉFLEXION SUR LA DÉCLINAISON ALLEMANDE

« *Freunde*, mes amis, ne croyez surtout pas ceux qui affirment à tort que l'on décline tout dans ma langue maternelle. »

En réalité, en allemand il faut seulement décliner :

- ***Les pronoms**, c'est-à-dire des mots courts remplaçant des groupes nominaux (ex : ich, du, er, sie...),*

- ***les déterminants** (exemple : dies, ein, mein...),*

- ***et uniquement le ou les adjectifs** placés immédiatement devant* un nom porteur d'une majuscule (ex : dieser gute Mann) [81].

Mais commençons par le commencement : une phrase c'est un verbe autour duquel sont organisés des éléments parmi lesquels se trouvent plusieurs groupes nominaux que nous allons apprendre à décliner.

Hormis quelques moutons noirs (que vous allez bientôt m'aider à débusquer), ***dans une phrase allemande, certaines catégories de mots se déclinent toujours dans le contexte du groupe nominal.***

Intéressons-nous successivement aux catégories de mots soumis à la déclinaison:

[81] Un nom précédé d'un article et d'un ou plusieurs adjectifs, voire seulement d'adjectifs, constitue un groupe nominal. En allemand les groupes nominaux se déclinent.

1. La catégorie du pronom

Un pronom. Qu'est-ce que c'est ?

▶ Exactement comme en français, le pronom° allemand est un « pro »nom, c'est-à-dire un mot « **mis pour** » un nom connu et bien identifié.

Sans nom de référence auquel il se rapporte, l'emploi du pro**nom** n'a pas de sens.

Exemple : ***Franzosen*** *arbeiten hier*
(Des Français travaillent ici)
↓
= ***Sie***° *arbeiten hier*

« ***Sie*** » remplace ici le nom « Franzosen » - (= des Français) - qui est son nom de référence.

▶ Le pronom est également un « **pro-groupe nominal** », car parfois il remplace un groupe nominal comportant plus que « seulement un nom [82]»:

Exemple : ***Diese jungen Franzosen*** *arbeiten hier*
(ces jeunes Français travaillent ici)
↓
sie° arbeiten hier

« ***Sie*** » remplace ici « ***diese ruhigen jungen Franzosen*** », c'est-à-dire **à la fois** le nom de référence (*Franzosen*) **et les mots serviteurs** qui accompagnent celui-ci, à savoir, dans le cas présent :

- **le déterminant « *diese* »**
- **l'adjectif « *ruhigen* » (calmes)**
- **l'adjectif « *jungen* » (jeunes).**

---

[82] Précision du professeur Gédaplus : « Le terme « pro-groupe nominal » n'existe pas dans les grammaires conventionnelles. En vous proposant ce néologisme Omaîre souhaite souligner qu'un pronom n'a pas pour unique vocation de remplacer un nom seul, mais souvent un nom accompagné notamment d'un article et d'un ou de plusieurs adjectifs (c'est-à-dire « un groupe nominal »).

Un **pronom** peut remplacer **un Nom seul** (ex : Franzosen) **ou bien un Nom accompagné** (c'est-à-dire un groupe nominal, par exemple « *diese ruhigen jungen Franzosen*» dans l'exemple précédent ☺)

C'est la raison pour laquelle, quitte à m'attirer les foudres des grammairiens, je préfère parler de « pro-groupe nominal » que de « pronom ».

Nous venons d'expliquer en détail ce qu'est un pronom. C'est bien.
Faisons maintenant la même chose avec le groupe nominal.

2. LA CATÉGORIE „ GROUPE NOMINAL"

Un groupe nominal est un ensemble regroupant des mots organisés autour d'un nom, qui sont en règle générale : un déterminant et un ou plusieurs adjectifs.

La grande nouvelle est que les éléments qui composent un groupe nominal sont hiérarchisés :

Dans un ordre d'importance décroissant, nous trouvons en effet dans le groupe nominal allemand traditionnel :

- **PREMIÈREMENT obligatoirement un Nom[83], clef de voûte du groupe nominal,**

ET DEUXIÈMEMENT GÉNÉRALEMENT AU MOINS	
- un déterminant *- un ou plusieurs adjectifs*	*C'est-à-dire les éléments serviteurs du Nom, placés à la gauche du Nom.*

Les déterminants et les adjectifs sont entièrement au service du Nom qu'ils précèdent directement.

LE NOM = UN ROI

En tant que Chef incontesté du groupe nominal, tel un Roi, le Nom allemand porte une majuscule qui permet de le distinguer de ses serviteurs, déterminants et adjectifs.

+ SES DEUX SERVITEURS HIÉRARCHISÉS QUI LE PRÉCÈDENT POUR ANNONCER SA ROYALE VENUE.

CONCLUSION DE LA PARTIE RÉFLEXION SUR LA DÉCLINAISON ALLEMANDE

Le déterminant et l(es) adjectif(s) du groupe nominal ont pour mission de porter des marques différentes qui permettent de connaître deux choses :

[83] Etant donné qu'en allemand le Nom a toujours une majuscule, nous en mettrons désormais toujours une au mot « Nom ».

- *premièrement le genre [84] du **Nom-Roi**,*
- *deuxièmement le rôle que le Nom-Roi joue dans la phrase, notamment par rapport au verbe.*

Parmi les différentes marques portées pour les raisons précédentes, l'une est « sacrée », l'autre est d'importance moindre.

La marque sacrée est une lettre que nous appellerons « lettre d'or », qui est toujours présente sur le pronom.

La marque secondaire, que dans notre méthode nous appelons « marque de bronze » ou « marque bouche-trou », est uniquement « e » ou « en ».

[84] Ou le pluriel du nom.

DÉCLINER

Il existe quatre cas différents en allemand : le nominatif et l'accusatif qui seront ultérieurement étudiés en détail, de manière progressive et ludique, (ainsi que le datif et le génitif qui seront présentés dans le tome 2 de notre méthode).

Apprenons déjà ce que « décliner » signifie :

Les débutants retiendront pour l'instant ce qui suit :

Décliner signifie essentiellement confier aux accompagnants du Nom des marques courtes (une ou deux lettres) qui servent de repères puisqu'elles indiquent :

- **le genre du Nom** qu'ils servent (ou si ce nom est au pluriel asexué[85]),
- **le rôle joué par le Nom** le plus souvent par rapport au verbe (le cas échéant, il faut se demander si le nom est le sujet ou un complément du verbe).

---

[85] Le groupe nominal allemand pluriel est en ce sens «asexué» que les déterminants et les adjectifs qui précèdent un Nom **au pluriel portent des marques identiques** en allemand (*ex: die schönen Männer. Die schönen Frauen. Die schönen Kinder)* **quel que soit le genre du nom au singulier** alors qu'en français nous aurions des marques différentes à l'adjectif (ex : les beaux hommes. Les belles femmes- les beaux enfants) selon si le nom pris en compte par la déclinaison est masculin ou féminin.

On trouve en allemand une caractéristique extrêmement pratique :

L'existence du principe des vases communicants entre les pronoms et les marques grammaticales principales que l'on doit normalement retrouver dans tout groupe nominal.

A-t-on la même chose avec la langue française ?

Pour le savoir, débusquez le point commun qui existe entre les groupes nominaux suivants au nominatif et les pronoms :

⚠ Indication : Il s'agit d'une marque grammaticale sous la forme d'une lettre.

Pour vous aider à démasquer les lettres qui, en français et en allemand, sont les marques grammaticales du nominatif, sur le tableau « franco-allemand » suivant, nous avons mis en majuscules dans des phrases allemandes et françaises les marques qui se rapportent aux noms transparents « DAME » et « ROMAN », qui sont totalement transparents dans les deux langues.

Langue française	Langue allemande	+ Nom féminin qui est désservi par un déterminant porteur de la marque spécifique du genre du nom au cas nominatif	Langue française	Langue allemande	Nom masculin desservi par un déterminant porteur de la marque spécifique du genre du nom au cas nominatif
cettE	diesE	DAME	cE	dieseR	ROMAN
lA	diE		lE	deR	

PRONOM CORRESPONDANT (= en remplacement du nom « DAME » et des déterminants qu'il y avait devant ce nom)		PRONOM CORRESPONDANT (= en remplacement du nom « ROMAN » et des déterminants qu'il y avait devant ce nom)	
Langue française	Langue allemande ☺	Langue française	Langue allemande ☺
ELLE	SIE	IL	ER

EXISTE-T-IL UNE MARQUE GRAMMATICALE UNIQUE AU CAS NOMINATIF POUR L'ALLEMAND ET POUR LE FRANÇAIS ?

La réponse à cette très importante question nous est fournie par le tableau suivant :

UNE MARQUE GRAMMATICALE UNIQUE AU FÉMININ ?		UNE MARQUE GRAMMATICALE UNIQUE AU MASCULIN ?	
en français ?	en allemand ?	en français ?	en allemand ?
Hélas NON ! 	 OUI – **JAWOHL** ! La marque E que l'on retrouve « logiquement » dans « diE »	Hélas NON ! 	 OUI- **JAWOHL** La marque R que l'on retrouve « logiquement» dans « deR »

Nous venons de voir qu'à la différence du français, en allemand, au nominatif masculin et singulier, la marque grammaticale principale du pronom se retrouvait systématiquement sur les traductions de « LE-LA » (c'est-à-dire sur « Der, Die, Das) et sur les traductions de « CE-CETTE » (c'est-à-dire sur « DIES »).

Découvrons encore la marque typique des noms neutres et des noms au pluriel au nominatif !

AU NOMINATIF ALLEMAND	
MARQUE GRAMMATICALE UNIQUE DU NEUTRE	MARQUE GRAMMATICALE UNIQUE DU PLURIEL UNISEXE ALLEMAND
S	E
que l'on retrouve « logiqu'allemand » ☺) » dans « da**S** »	MARQUE GRAMMATICALE UNIQUE que l'on retrouve ☺ « logiqu'allemand » dans « di**E** »

C'est simple non ?

Et nous avons encore une autre bonne nouvelle à vous annoncer!

- **Le principe (à retenir absolument !) selon lequel** la marque grammaticale présente sur le pronom doit se retrouver sur un des accompagnateurs/serviteurs du Nom **(déterminant ou adjectif) s'applique non seulement au pluriel « unisexe » de l'allemand mais également à l'ensemble des déclinaisons allemandes, (accusatif, datif et génitif[86] inclus).**

Retenez : En allemand, le pronom est systématiquement porteur d'une marque grammaticale, que nous appellerons désormais la « lettre d'or ». Cette marque est TOUJOURS accolée aux déterminants « DIES » et « DER, DIE, DAS », quel que soit le cas, le genre ou le nombre du nom dont ils sont les serviteurs.

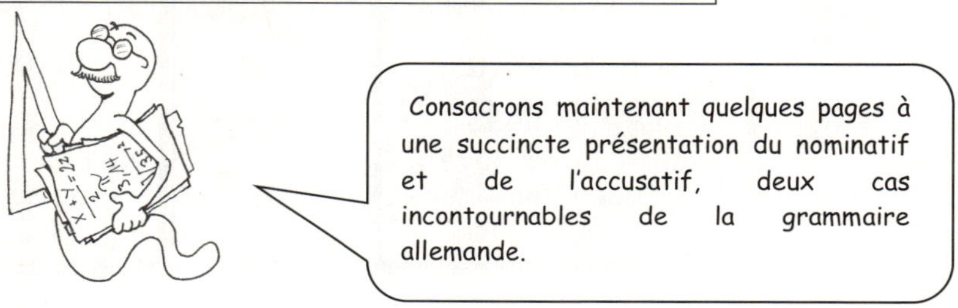

LES CAS NOMINATIF ET ACCUSATIF

⚠ Une phrase c'est (essentiellement) un verbe.

En d'autres termes : sans verbe il n'y a pas de phrase allemande.

Or, le verbe de toute phrase déclarative non impérative a obligatoirement besoin d'un pilote.

Ce pilote est un élément au nominatif qui est :

- **soit un pronom porteur d'une lettre d'or (ex : eR kommt),**
- **soit un groupe nominal en principe également porteur d'une lettre d'or (ex : dieseR Mann kommt).**
- Soit un nom propre (qui comme en français ne se décline pas)

---

[86] Ni le génitif ni le datif ne vous seront expliqués dans ce tome. Toutefois, les lecteurs impatients de découvrir les terminaisons de ces cas peuvent découvrir celles-ci en annexe.

Je retiens qu'une phrase déclarative sans nominatif n'existe pas !

Le nominatif, c'est ce cas porteur des marques « **R, E, S** » au singulier (et « **E** » au pluriel) que l'on rencontre en apprenant le genre des noms « **der**, **die**, **das** - **die** (pluriel) ».

Mais, comme il est difficile de voir dans « der, die, das - die (pluriel) » des porteurs officiels des marques « **R, E, S,** » et « **E** » **(du pluriel), uniquement à des fins pédagogiques, à partir de maintenant nous écrirons** « der, die, das » souvent comme suit : « de**R**, di**E**, da**S** - di**E** ».

▶ exemples de groupes nominaux porteurs des marques „R", „E" ou „S"

DeR Mann kommt; dieseR Mann telefoniert.
DiE Frau spricht; diesE Frau diskutiert.
DaS Kind spielt. dieseS Kind spielt.
DiE Kinder spielen; diesE Soldaten essen.

Le nominatif étant Le cas avec un grand « L » dont aucune phrase ne peut se passer, j'en déduis que dans une phrase comprenant un seul groupe nominal (ou un seul pronom), celui-ci sera obligatoirement à mettre au nominatif. « élémentaire mon cher Eleren ».

En d'autres termes, dans toute phrase, un groupe nominal ou un pronom singulier devra sur le principe être porteur de l'une de ces marques du nominatif singulier que sont « R », « E », et « S ».

À retenir : Lorsque j'ai affaire à un groupe nominal pluriel sujet, la marque obligatoire sera toujours le « E ».

« E = **LA** marque d'or du pluriel asexué allemand ». ☺

⚠ À retenir également : Le nominatif n'apparaît normalement qu'une fois dans une phrase constituée d'un seul verbe...

une fois ...**sauf si** le verbe de la phrase est ***sein*** (être) ou ***bleiben*** (rester[87]), les deux seuls verbes allemands qui sont toujours entourés de groupes nominaux (ou de pronoms) au nominatif.

Ex : dieseR Mann **ist** ein guteR Mann. DieseR Mann **bleibt** ein guteR Mann.

▸ **Le nominatif passe pour être le cas du sujet par excellence.**

C'est vrai. Sachez toutefois que le nominatif peut également être le cas de l'attribut du sujet.

▸ **Le nominatif comme cas du groupe nominal qui est « attribut du sujet »** (c'est-à-dire « égal sujet »).

⚠ **L' attribut du sujet ? L'égal sujet ?**

Observez ce qui se passe dans les phrases suivantes avec les verbes „sein" et „bleiben"

La logique mathématique

▼

C'EST

Lorsque dire A= B		correspond à dire B=A
Dieser Mann ist ein lieber Mensch.	➡	Ein lieber Mensch **ist** dieser Mann.
Dieser Polizist bleibt ein guter Freund.	➡	Ein guter Freund **bleibt** dieser Polizist.

Alors nous sommes face à des attributs du sujet, c'est-à-dire face à des « **égal-sujets** ».

► En effet, selon le principe que « **dire que A=B** » **correspond à dire que « B=À »**, chacun des 2 groupes nominaux, soulignés ci-dessus, peut, à tour de rôle, prendre la place du sujet.

[87] Rester = être durablement.

⚠ Notons que le groupe nominal « attribut du sujet » est un groupe nominal (ou pronom) **placé après un verbe remplaçable par le symbole égal (=)**.

<u>Encore plus simple:</u>
Je retiens que les verbes „sein" et „bleiben" sont « normalement » entourés de groupes nominaux porteurs des marques du nominatif !

☺ **Au fait, savez-vous pourquoi**, en tant que pilote du verbe, le sujet est très facile à repérer[88]?

L'accusatif « *présenté* » succinctement

> L'accusatif est le cas qui est le plus souvent utilisé pour traduire un « C.O.D » français.

Certes, mais il peut être plus simple, pour les débutants, de retenir que l'on trouve systématiquement l'accusatif:

- **après le verbe „haben"** non employé comme auxiliaire (Ex: *Ich habe einen Hund*),
- **après le verbe „brauchen"** (avoir besoin de) **et après l'expression „es gibt"** (= il y a). Ex : *Ich brauche einen Kaffee. Es gibt hier einen Mann.*
- **après les prépositions „für"** (pour) **et „durch"** (à travers), (Ex : *Ich fahre* ***durch*** *den Wald. Ex:* das ist eine gute Idee **für** mich und **für** meinen Freund Eleren[89].),
- **de manière plus générale, après tout verbe suivi directement d'un groupe nominal non sujet qui ne correspond pas à un être vivant** (ex : Ich sehe einen Wagen und einen Platz[90]).

---

88 Réponse : Le sujet (toujours au nominatif donc) étant l'élément (groupe nominal ou pronom) qui, mis au singulier, contraint le verbe à passer au singulier, et mis au pluriel contraint le verbe à passer au pluriel, il suffit de voir si en le mettant au pluriel (s'il est au singulier) nous contraignons ou non le verbe à passer au pluriel ? ex : Das Kind kommt. ➡ **die** Kinder **kommen**.

89 Traductions : J'ai un chien. J'ai besoin d'un café. Il y a une voiture dehors. C'est une bonne idée pour moi et pour mon ami Eleren.

90 Je vois une voiture et une place.

- Mais que vois-je ! Les groupes nominaux non sujets, relatifs à des êtres vivants qui suivent directement un verbe (= sans être précédés d'une préposition) sont à l'accusatif lorsque rien ne leur est clairement attribué (= « en cas d'absence d'idée d'attribution » - ex : ich suche einen Vater und eine Mutter[91]. Voici une chose intéressante à noter !

b

Certes, mais maintenant que vous connaissez quelques uns des cas où le nominatif et l'accusatif doivent être employés, apprenons à décliner à ces deux cas.

APPRENONS À DÉCLINER AU NOMINATIF ET À L'ACCUSATIF

Décliner un groupe nominal au nominatif et à l'accusatif consiste à faire porter des marques grammaticales **uniquement** **aux** **déterminants et aux adjectifs** qui sont placés à la gauche du nom pris en compte.

Rappels utiles

- Nous parlons de cas pour indiquer le rôle joué par tout groupe nominal (ou le pronom personnel) présent dans une phrase.

- l'action qui consiste à attribuer des marques grammaticales décryptables permettant de découvrir « au cas par cas » qui fait quoi dans la phrase, s'appelle « La déclinaison ».

- La vivifiante gymnastique cérébrale qui permet de décrypter ce que telle ou telle marque signifie permet de comprendre le sens des phrases allemandes.

Le professeur Gédaplus, inventeur franco-allemand dont nous aurons l'occasion de reparler beaucoup dans un prochain ouvrage, va maintenant vous présenter

[91] Je cherche un père et une mère.

sa méthode destinée aux débutants désireux d'apprendre à décliner au nominatif et à l'accusatif de manière astucieuse.

Écoutons ce qu'il a à nous dire :

Il existe deux manières d'aborder l'apprentissage des déclinaisons. La première, très répandue, consiste à photographier visuellement plusieurs tableaux.
Elle convient bien aux apprenants qui ont une mémoire visuelle qui s'inscrit dans la durée... mais moins à ceux qui, nombreux, ne parviennent pas à retenir durant des mois ce qu'ils ont appris un jour par cœur.

La deuxième méthode, inventée par moi, Professeur Gedaplus, sollicite peu votre mémoire visuelle. Elle s'adresse à tous ceux qui préfèrent comprendre plutôt que d'apprendre à replacer visuellement des données dans un des plusieurs tableaux qu'ils ont appris.

Elle exige de vous seulement deux choses :

- **a)** de connaître un seul et unique tableau,

- b) d'appliquer à la déclinaison allemande les principes de hiérarchie et de logique qui vous ont été présentés lors du cours sur les genres des noms.

Cette méthode s'apprend en deux phases :

Phase 1 : Découverte du principe des vases communicants entre le pronom et le groupe nominal allemand.

Le tableau suivant montre que la lettre d'or du pronom a pu être logiquement réattribuée à un des « serviteurs » du nom, au sein d'un groupe nominal.

Pronom (porteur de la lettre d'or) ▼	**Groupe Nominal pouvant le remplacer** ▼
eR lernt.	▶ DieseR junge Franzose lernt.
siE spricht viel.	▶ DiesE junge Schülerin spricht viel°.
eS spielt.	▶ DieseS kleine Kind spielt.
siE schlafen.	▶ DiE Italiener schlafen.

° = cette jeune élève parle beaucoup.

⚠ **En cas de remplacement « dans l'autre sens », ////** ☺c'est-à-dire dans le cas du remplacement d'un pronom par un nom accompagné d'adjectifs et ou de déterminants ☺**///, deux choses se produisent :**

PREMIÈREMENT : la langue allemande reprend systématiquement la lettre d'or (à savoir « R », « E », « S », « E ») (**obligatoirement**) présente sur le pronom.

DEUXIÈMEMENT : elle attribue la lettre d'or ainsi « récupérée » à au moins un des accompagnateurs du nom, s'il en est un qui peut le faire.

Phase 2 : Le principe de la hiérarchie et des déterminants « grévistes »

▶ Le principe de la hiérarchie et des déterminants „grévistes"

Cette phase décisive vous sera présentée dans les prochaines pages en couleur de cette méthode. En attendant, retenez simplement que…

> Les marques grammaticales de l'allemand sont
> STRICTEMENT HIÉRARCHISÉES

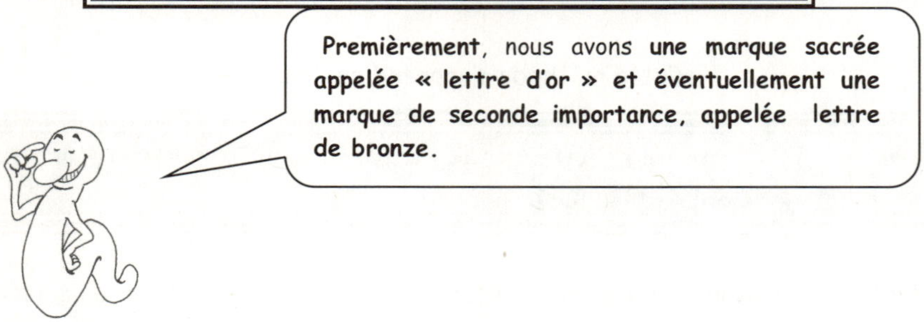

Quant à **la lettre de bronze (« e » ou « en » et jamais autre chose !)** , que nous découvrirons plus tard, vous pouvez dès à présent la considérer comme un « bouche-trou » grammatical et au mieux comme une terminaison de seconde catégorie qui **a le droit d'apparaître uniquement après la lettre d'or**.

À LA DÉCOUVERTE DES LETTRES D'OR DE LA DÉCLINAISON ALLEMANDE

Lettre sacrée de la déclinaison allemande, la lettre d'or est normalement « systématiquement » présente sur au moins un des serviteurs du Nom.

En allemand comme en français, il existe des lettres d'or que nous vous invitons à débusquer dans les groupes nominaux et sur les pronoms personnels suivants :

1-**La lettre d'or du masculin sujet** : pronom personnel allemand : eR

(en allemand)	*(en français)*
diese**R** alte Mann schläft ein alte**R** Mann schläft e**R** schläft *Réponse* :[92] Traduction[93]	*(il n'y a pas de marque d'or au masculin singulier nominatif en français. ☹Pas même sur le pronom personnel « il »)*

2- **La lettre d'or du féminin sujet** : pronom personnel allemand : siE

(en allemand)	*(en français)*
dies**E** schöne Frau schläft « ein**E** schöne Frau schläft » si**E** schläft *Réponse* :[94]	*cett**E** jeune femme dort* *un**E** jeune femme dort* *ell**E** dort* ***☺ « E » est donc la marque d'or du féminin singulier sujet français !***

92 Mise en majuscule sur notre exemple, uniquement à des fins pédagogiques, la lettre d'or du masculin sujet (=nominatif) est : « R ».

93 Ce vieil homme dort. Un vieil homme dort. Il dort.

94 Mise en majuscule sur notre exemple, uniquement à des fins pédagogiques, la lettre d'or du féminin sujet (=nominatif) est : « E ».

3-**La lettre d'or du sujet neutre** : pronom personnel allemand : eS

(en allemand)	(en français)
DieseS kleine Kind schläft Ein kleineS Kind schläft eS schläft *Réponse :*[95]	*Sans objet car le genre « neutre » n'existe pas en français*

4-**La lettre d'or du sujet pluriel** : pronom personnel allemand : siE

(en allemand)	(en français)
DiesE kleinen Kinder schlafen *KleinE Kinder schlafen* *SiE schlafen* *Réponse :96*	*ceS petits enfants dorment* *deS petits enfants dorment* *IlS dorment* ☺ ***« S » est donc LA marque d'or du pluriel sujet ou « nominatif » français***

5- **La lettre d'or du masculin accusatif** : pronom personnel allemand : ihN

(en allemand)	(en français)
ich kenne dieseN Lehrer ich kenne eineN Lehrer ich kenne ihN *Réponse :*[97]	*Je connais cE professeur* *Je connais* ***un*** *professeur* *Je lE connais* ☺ ***« E » est donc seulement une marque d'or du masculin « accusatif » français ».***

[95] Mise en majuscule sur notre exemple, uniquement à des fins pédagogiques, la lettre d'or du sujet neutre (=nominatif) est : « S ».

[96] Mise en majuscule sur notre exemple, uniquement à des fins pédagogiques, la lettre d'or du sujet pluriel (=nominatif) est : « E ».

[97] Mise en majuscule sur notre exemple, uniquement à des fins pédagogiques, la lettre d'or du masculin accusatif est : « N ».

Les 3 caractéristiques des lettres d'or allemandes

1) Premièrement, la lettre d'or doit - **par principe** - être « toujours » ajoutée à la fin d'au moins un des accompagnateurs du « Nom » **(ex : « deR gute Mann » ou « ein guteR Mann ») ; de préférence sur le déterminant.**

2) Deuxièmement, bien que la lettre d'or apparaisse normalement sur les déterminants, **dans certains cas très encadrés (qui seront vus ultérieurement), elle peut aussi apparaître sur les adjectifs.**

3) Troisièmement, la lettre d'or apparaît systématiquement sur les pronoms allemands

Savoir que les pronoms personnels allemands sont immanquablement porteurs de la lettre d'or « ad hoc » aide à trouver la lettre sacrée que vous devrez avoir prioritairement devant un des serviteurs du nom, de type déterminant ou adjectif.

Pourquoi ?

...**eh bien tout simplement parce que** ....dès que vous aurez atteint une certaine aisance en allemand, le pronom personnel, du nominatif notamment (« er », « sie », « es » et « sie »), sera souvent la première chose qui vous viendra à l'esprit.

Voici en tout cas une bonne raison pour apprendre les pronoms personnels de l'allemand !

LES PRONOMS PERSONNELS ALLEMANDS

Les pronoms personnels au NOMINATIF

ich	du	eR siE eS	wir	ihr°[98]	Sie°	siE

Les pronoms personnels à L'ACCUSATIF

mich	dich	ihN siE eS	uns	euch°	Sie°	siE

Les pronoms personnels au DATIF

mir	dir	ihM ihR ihM	uns	euch°	Ihnen°	ihNeN

1) Je note que les pronoms personnels de la 3e personne du singulier sont toujours porteurs de la LETTRE D'OR du singulier du cas (NOMINATIF, ACCUSATIF, DATIF)

2) Je note que les pronoms personnels de la 3e personne du pluriel sont toujours porteurs de la LETTRE D'OR du pluriel du cas (NOMINATIF, ACCUSATIF, DATIF). **C'est pratique.**
Connaître le pronom me permet de retrouver la lettre d'or à indiquer sur le groupe nominal.

---

[98] ° = **Il existe 2 manières de traduire « vous » en allemand, selon si l'on vouvoie ou tutoie son/ses interlocuteurs. Voir la partie consacrée au présent des verbes allemands.**

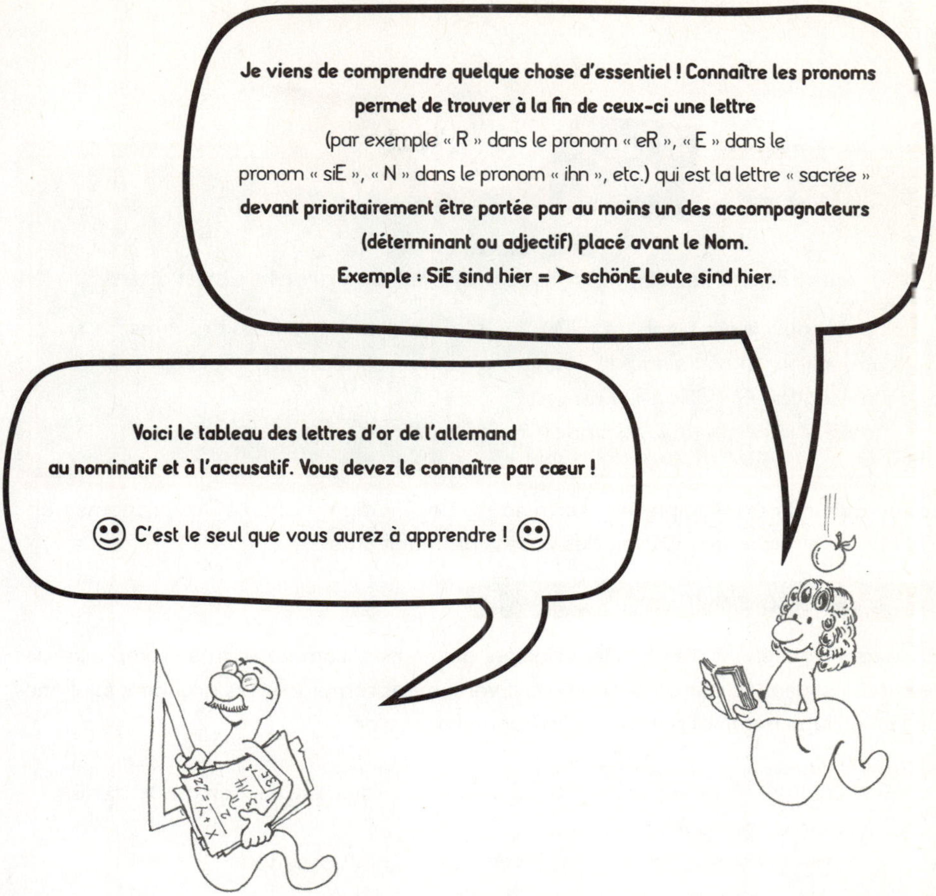

LE TABLEAU DES PRONOMS PERSONNELS AU NOMINATIF ET À L'ACCUSATIF ET LE PRINCIPE DES VASES COMMUNICANTS (!)

	MASCULIN	FÉMININ	NEUTRE	PLURIEL
NOMINATIF	de**R**	di**E**	da**S**	di**E**
	e**R**	si**E**	e**S**	si**E**
ACCUSATIF	de**N**	di**E**	da**S**	di**E**
	ih**N**	si**E**	e**S**	si**E**

La lettre d'or est la marque grammaticale qui, selon le principe des vases communicants lie le groupe nominal au pronom et inversement.

Le tableau ci-dessus
met en évidence l'existence d'un lien de parenté étroit entre :

→ d'une part le déterminant « D », travailleur toujours fiable , * (qui devient d(e)R, d(i)E, d(a)S au nominatif singulier et d(i)E au pluriel)

→ et, d'autre part les pronoms personnels « eR, siE, eS ... ».

Le lien qui unit par exemple le déterminant « der », « die », « das » et les pronoms « er », sie », « es » relève du principe des vases communicants.

A) Exercice pour le niveau A1 :

En ayant présent à l'esprit le principe des vases communicants, remplacez les éléments soulignés par un pronom ou inversement remplacez les pronoms soulignés par un groupe nominal porteur de la bonne lettre d'or:

Ex : 1) DieseR Mann wohnt hier ➤ eR wohnt hier- ou 2) siE singen gut ➤ diesE Leute singen gut.
Diese Italienerin schläft draußen ➤ ____ schläft draußen
Dieser Engländer kauft dieseS Auto ➤ ____ kauft ___
siE lernt Deutsch ➤ Dies____ Frau lernt Deutsch.
eS schmeckt gut ➤ Dies____ Brötchen schmeckt gut
DiesE Kinder sehen einE Katze draußen ➤ . _____ sehen _____ draußen
siE spielen draußen ➤ Dies____ Kinder spielen draußen. Solutions **

B) Exercice pour le niveau A2 :

En ayant présent à l'esprit le principe des vases communicants, remplacez les éléments soulignés par un pronom ou (inversement) remplacez les pronoms soulignés par un groupe nominal porteur de la bonne lettre d'or.

Ex 1) : Dies**E** Männer wohnen hier ➤ si**E** wohnen hier
ou 2) e**R** singt gut ➤ de**R** Vogel singt gut.
Dies**E** Italienerin lesen diese**S** Buch ➤ ___ lesen _____.

* : Nous verrons un peu plus loin que si certains déterminants sont « travailleurs », certains sont « grévistes » face à certaines lettres d'or, mais patientez encore un peu !

** : Sie schläft draußen. Er kauft es. Diese Frau lernt Deutsch. Dieses Brötchen schmeckt gut. Sie sehen siE draußen. Diese Kinder spielen draußen

DieseR Engländer sucht seineN Hund ➤ ___ sucht ____.
ER liest ihN ➤ Dies___ Mann liest dieseN Roman.
DiesE Frauen kennen deinE Kinder gut ➤ ____ kennen ____ gut.
DiesE Kinder sehen eineN Hund draußen ➤ _____ sehen _____ draußen.
siE fahren zu schnell ➤ Dies____ Autos fahren zu schnell. Solutions*

Soyez observateurs : Avez-vous remarqué qu'en apprenant le genre des Noms (« deR, diE, daS ») et leur pluriel (« diE »**) », **sans le savoir, nous avons appris les lettres d'Or « R, S, E » du Nominatif singulier et la lettre d'or « E » du pluriel! Nous connaissions donc déjà le quart du tableau qui précède, sans l'avoir appris**.

Nous venons de découvrir les lettres d'or de l'allemand au nominatif et à l'accusatif. C'est bien, mais....
Quelles lettres d'or trouve-t-on encore en allemand ?
et surtout... d'où sortent-elles ?

Vous connaissez le tableau suivant ? C'est parfait. Du fait que toute la déclinaison en est issue, c'est en effet le seul qu'il faille connaître absolument par cœur.

	MASCULIN	NEUTRE	FÉMININ	PLURIEL
NOMINATIF	der	das	die	die
ACCUSATIF	den	das	die	die
DATIF	dem	dem	der	den
GÉNITIF	des	des	der	der

QUELLE DÉCEPTION CE TABLEAU ILLISIBLE !!!

Ce tableau disponible dans les grammaires traditionnelles ne me plaît pas du tout. Chaque variante de « der, die, das » présente y est « **trop** » **discrètement** !!! ») **porteuse de la lettre d'or** (qui renvoie au cas et au genre correspondant aux caractéristiques du Nom, Roi du groupe nominal).

* : Solutions : Sie lesen es; er sucht ihn; dieser Mann liest diesen Roman; sie kennen sie gut; sie sehen ihn draußen; diese Autos fahren zu schnell.
** Pluriel asexué ou « unisexe » en allemand.

Nous avons donc prié Oma ALumettE de demander à son amie Thérèse Nèse de recycler le trop discret tableau « der, die, das, die ! ».

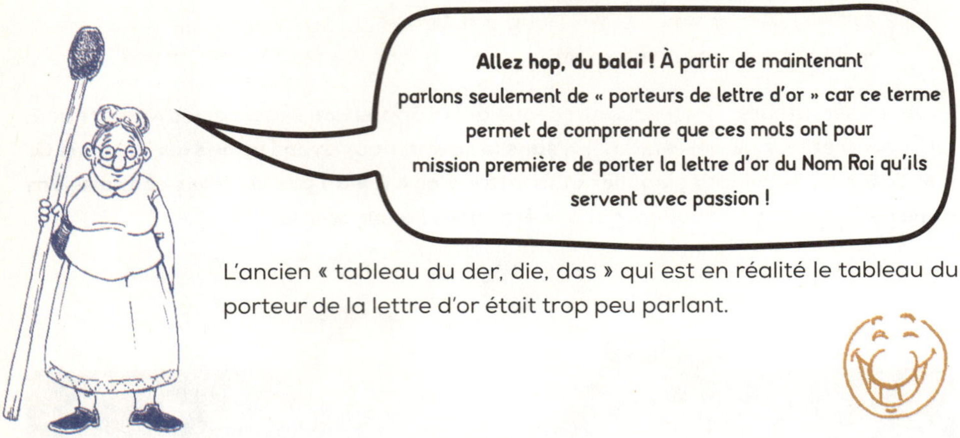

L'ancien « tableau du der, die, das » qui est en réalité le tableau du porteur de la lettre d'or était trop peu parlant.

Pour rendre ce tableau enfin compréhensible, à la fin de chaque variante de « der, die, das » nous avons mis en majuscule et en gras la LETTRE D'OR (ex : « de**R**, da**S**, di**E**, de**N** etc . »). Ceci nous permet de mettre en relief cette lettre sacrée, hiérarchiquement supérieure à toute autre pour indiquer le genre et le cas du Nom, que les accompagnateurs du Nom ont pour mission prioritaire d'indiquer.

	MASCULIN	FÉMININ	NEUTRE	PLURIEL
NOMINATIF	de**R**	di**E**	da**S**	di**E**
ACCUSATIF	de**N**	di**E**	da**S**	di**E**
DATIF	de**M**	de**R**	de**M**	de**N+**
GÉNITIF	de**S+**	de**R**	de**S+**	de**R**

Mais heureusement nous avons quelque chose de plus parlant à vous proposer sur la page suivante!

LE TABLEAU DU PORTEUR DE LETTRE D'OR «D»*

avec les lettres d'or mises en majuscule

	MASCULIN		FÉMININ		NEUTRE		PLURIEL	
NOMINATIF	de (diese)	R	di (dies)	E	da (diese)	S	di dies	E
ACCUSATIF	de (jede°)	N	di (dies)	E	da (diese)	S	di dies	E
DATIF	de (diese)	M	de (diese)	R	de (diese)	M	de diese	N+
GÉNITIF	de (diese)	S+	de (diese)	R	de (diese)	S+	de dieser	R

° =dies... = ce/cette/ces °° = jed... = chaque/tout/tous...`

MAIS REVENONS-EN AU NOMINATIF ET À L'ACCUSATIF.

=☺ LE TABLEAU DE THÉRÈSE NESE, TABLEAU CLEF DE VOÛTE DE LA CONJUGAISON ALLEMANDE AU NOMINATIF ET À L' ACCUSATIF ☺

	MASCULIN	FÉMININ	NEUTRE	PLURIEL
NOMINATIF	deR	diE	daS	diE
ACCUSATIF	deN	diE	daS	diE

Les adeptes des moyens mnémotechniques pourront trouver avantage à rebaptiser le tableau précédent des lettres d'or du nominatif et de l'accusatif. Ils pourront l'appeler le « tableau T** » de « T --RESE, NESE » (= ☺« tableau T de Thérèse NESE » ☺).

* : Notons que nous connaissions le porteur de lettre d'or « D » uniquement sous ses formes « der », « die » et « das » jusqu'à présent. Pour rendre prononçable « d » suivi de la marque d'or », lorsqu'il doit porter la lettre d'or « R », le porteur « D » devient « der », lorsqu'il doit porter la lettre d'or « S » il devient « das », lorsqu'il doit porter la lettre d'or « E » il devient « die », et lorsqu'il doit porter la lettre d'or « M » il devient « dem », etc...

** « T » comme « Terminaisons

Apprenez le tableau des
T- « RESE-NESE »
(« T » comme « Terminaisons »).
Ne serait-ce que parce que le connaître vous permet de trouver systématiquement la lettre d'or à indiquer selon le genre et le cas.
(et également pour d'autres raisons que vous découvrirez ultérieurement dans les autres chapitres de cet ouvrage !)

QUI PORTE LA LETTRE D'OR DANS LE GROUPE NOMINAL* ?

C'EST LA CATÉGORIE DES DÉTERMINANTS
(pour cette raison logiquement rebaptisés « porteurs de lettre d'or »).

ex : dieseR gute Mann, diesE gute Frau...dieseN guten Mann...dieseM guten Mann, etc.

Au nominatif, LA « LETTRE D'OR », caractéristique première de tout groupe nominal, est portée, en finale, par les déterminants « deR », « diE », « daS » « diE »

LA QUESTION CRUCIALE QUE L'ON DOIT SE POSER EST : « DER, DIE, DAS et DIE » sont-ils les seuls porteurs de LA LETTRE D'OR ?**

NON HÉLAS ! QUE NENNI ! ***

* Pluriel asexué ou « unisexe » en allemand.
** Au singulier nominatif la marque « R », la marque « E », la marque « S » ou la marque « E » selon le genre et le cas. Au pluriel du nominatif et de l'accusatif, la marque « E » « unisexe » (« unisexe » car tous les marqueurs grammaticaux du pluriel sont les mêmes quel que soit le genre du Nom pris en compte).
*** « Que nenni » : expression un peu désuète, qui plaît au disciple d'Eleren, signifiant « Non ».

HÉLAS POUR NOUS, IL EXISTE DES DÉTERMINANTS PEU FIABLES « EIN ET SA BANDE DE GRÉVISTES ! »

Les déterminants, pour les raisons évoquées plus haut, appelés **« porteurs de lettre d'or »**, comptent dans leurs rangs des frondeurs-grévistes qui, **au nominatif et à l'accusatif**, refusent catégoriquement de faire leur travail de porteur de lettre d'or dans des cas bien identifiables que nous allons vous révéler maintenant :

Démasquons ces malfaiteurs des déclinaisons en commençant par leur chef ! Les déterminants, frondeurs qui se mettent en grève uniquement à certains moments au singulier du nominatif et de l'accusatif, ☹ , ont un meneur...

Observez le tableau suivant et aidez le commissaire Eleren à découvrir quand le porteur de lettre d'or « ein » se met en grève au nominatif et à l'accusatif singuliers.

	MASCULIN	FÉMININ	NEUTRE	PLURIEL
NOMINATIF	Ein-✖ Freund	Ein-✖ Kind	einE Freundin	Ø Freunde Ø Freundinnen Ø Kinder
ACCUSATIF	eineN Freund	Ein-✖ Kind	einE Freundin	Ø Freunde Ø Freundinnen Ø Kinder
DATIF	eineM Freund	eineM Kind	eineR Freundin	Ø Freunde Ø Freundinnen Ø Kindern
GÉNITIF	eineS Freundes	eineS Kindes	eineR Freundin	Ø Freunde Ø Freundinnen Ø Kinder

Réponse :
« Ein » se met en grève uniquement au Nominatif masculin et neutre (ein✗ Freund et ein✗ Kind) et à l'accusatif neutre (ein✗ Kind)

Quand les membres du clan des ein+ **se mettent-ils donc en grève?**

☻ AMIS ENQUÊTEURS GRAMMATICAUX, RETENEZ CE QUI SUIT ☻

LA GRÈVE DU PORT DE LA LETTRE D'OR A LIEU ➤ UNIQUEMENT au nominatif masculin et neutre et à l'accusatif neutre.

Mais comment retenir une réponse aussi compliquée ?

PS : une seule chose me console à ce stade. Savez-vous laquelle ?*

J'AI TROUVÉ UNE EXPLICATION PLUS SIMPLE ET TRÈS FUTÉE : Comme la grève du nominatif et de l'accusatif, concerne uniquement les terminaisons "S" et "R" » le plus simple est de dire qu'au nominatif et à l'accusatif **les « ein+ » sont allergiques aux terminaisons "S" et "R".**

* Ma seule consolation est de voir qu'au datif et au génitif « ein » ne fait jamais grève.

Oma Alumette (qui adore son ami le « disciple ») est ravie :

Cette astuce nous permet de déjouer la principale difficulté de la déclinaison au nominatif et à l'accusatif. **Toutes les fois qu'au nominatif ou à l'accusatif vous devriez accoler la lettre d'or « S » ou « R » à un membre des « ein+ », écrivez un signe de grève (✖) à la place.**

Avez-vous compris le principe de la grève du « S » et du « R » au nominatif et à l'accusatif?

Faites l'exercice suivant pour vous en assurer.

Compléter les phrases suivantes :

Ein___ Mann sucht ein__ Geschenk. Ein__ Auto steht auf dem Parkplatz. Ein__ Kind isst ein__ Brötchen. Es sucht ein__ Brötchen. Ein__Frau sucht ein__ Kind. Ein__ Mann kauft heute ein__ Hund und ein__ Katze.*

(der Mann, das Geschenk, das Auto, das Kind, das Brötchen, die Frau, der Hund, die Katze).

« Le gréviste » « ein » a-t-il des complices ?

Hélas, oui, il en a : d'une part tous ses descendants « directs » et d'autre part tous les associés de « mein », lesquels forment deux sous-groupes de déterminants refusant systématiquement de porter certaines lettres d'or au singulier nominatif et accusatif.

Essayons d'en savoir plus sur ces mauvais serviteurs du Nom!

* Ein✖ Mann sucht ein✖ Geschenk. Ein✖ Auto steht auf dem Parkplatz. Ein✖ Kind sucht ein✖ Brötchen. Es sucht ein✖ Brötchen. EinE Frau sucht ein✖ Kind. Ein✖ Mann kauft heute eineN Hund und einE Katze.

Les complices de « ein » sont:

un 1er sous-groupe de grévistes (☺ = les « ein+) :
Les descendants « directs » de « ein », c'est-à-dire :
tous les déterminants porteur du son « ein », à savoir :
« kein », « mein », « dein », « sein » /…/ ,
facilement reconnaissables parce que terminés par « ein »*.

et hélas un 2ème sous-groupe de grévistes (= les « ein++ ») :
Les autres déterminants possessifs c'est-à-dire :
« ihr », « unser » (notre, nos), « euer » (votre, vos), « Ihr » et « ihr ». ☺

Ces déterminants ne présentent pas « acoustiquement » les traits communs que l'on entend par exemple en prononçant « **ein** et k**ein** ou **mein** ». Ce sont des mots non parents de « ein ». Cependant, comme ils ont la même fonction que « mein, dein, sein » (à savoir indiquer l'appartenance) eux aussi ont été gagnés par l'allergie aux terminaisons « S » et « R » dont souffrent leurs « collègues de travail ein+ » (les déterminants possessifs « mein, dein, sein », descendants visibles et directs de « ein ». ☺)**

Avez-vous compris les peu conventionelles, mais pratiques, explications du stagiaire Ômaire ?
Faites l'exercice suivant pour vous en assurer.
Kein___ Mann sucht ein__ Geschenk. Dein__ Auto steht auf dem Parkplatz. Dies__ Kind sucht ein__ Brötchen. Es sucht sein__ Brötchen. Ein__Frau sucht ihr__ Kind. Kein__ Mann kauft heute eine__ Hund oder ein__ Katze.***

Quelle honte ! C'est un scandale !
Au nominatif et à l'accusatif singulier, les membres du clan des „ein+" refusent parfois de faire leur travail de porteur de désinence !

* Remarque du stagiaire d'Eleren : ce premier groupe de grévistes a hérité à la fois du gène ‹ …ein › qui le caractérise et de ses gènes de rebelle gréviste.

** Remarque d'Oma Al(l)umette : Vous aurez certainement constaté qu'il s'agissait une fois de plus d'une des interprétations, parfois douteuses, mais parfois utiles du stagiaire d'Eleren.

*** Kein✖ Mann sucht ein✖ Geschenk. Dein✖ Auto steht auf dem Parkplatz. Dieses Kind sucht kein✖ Brötchen. Es sucht sein✖ Brötchen. EinE Frau sucht ihr✖ Kind. Kein✖ Mann kauft heute eineN Hund oder einE Katze.

Gros plan
sur ces déterminants grévistes « Ein + »

FICHE SIGNALÉTIQUE POUR INDIVIDUS TROUBLANT L'ORDRE GRAMMATICAL ALLEMAND		
		PHOTO
NOM : PROFESSION : LIEU D'EMPLOI CHEF DE LA BANDE NOMBRE :	**LES « EIN + »** **Normalement porteurs d'une des lettres d'or de la grammaire allemande** **DANS LES GROUPES NOMINAUX ALLEMANDS** **EIN** **5 (*ein, mein, dein, sein et kein*)**	
SIGNES PARTICULIERS	**Sont souvent porteurs du son « ein »**	
ALLERGIES CONNUES	**Allergiques aux lettres d'or « S » et « R » au nominatif et à l'accusatif uniquement**	
COMPLICES CONNUS	**ihr, unser, euer, Ihr et ihr**	
MODUS OPERANDI	**Brandissent une pancarte de grève (✖) au lieu d'accepter un « S » ou un « R » au nominatif et à l'accusatif**	
LEUR BON CÔTÉ	**Ne font jamais grève au datif ou au génitif**	

LE PRINCIPE DE L'ADJECTIF MOUSQUETAIRE

Que se passe-t-il lorsqu'un adjectif n'est pas placé après un déterminant porteur de la lettre d'or ?

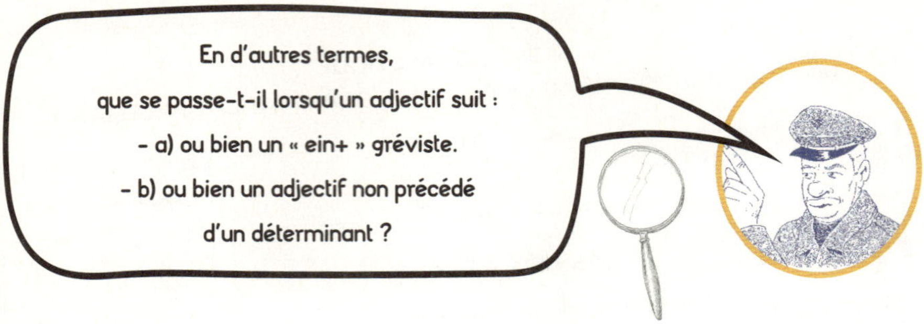

Nous allons le voir dans le tableau suivant dans lequel nous vous demandons de ne pas vous intéresser pour l'instant aux marques « e° » et « en °» non mises en majuscules. Il ne s'agit pas de marques d'or mais de marques de type « bouche-trou grammatical », présentées plus loin qui sont seulement par hasard parfois identiques aux marques d'or portées par « le porteur de lettre d'or » (= par le déterminant).

Nominatif			
Genre			
MASCULIN	FÉMININ	NEUTRE	PLURIEL
R	E	S	E
Ein✖ guteR Freund **guteR Freund**	**einE gute° Freundin** **gutE Freundin**	**Ein✖ guteS kleineS Kind** **guteS Kind**	**⊘ kleinE deutschE Kinder**
Accusatif			
R	E	S	E
eineN alten° Freund **alteN Freund**	**Ein✖ guteS kleineS Kind** **kleineS Kind**	**einE gute° Freundin** **gutE Freundin**	**⊘ kleinE deutschE Kinder**

La réponse nous est de nouveau fournie par le très observateur disciple d'Eleren !

Les adjectifs allemands sont uniquement porteurs de la lettre d'or dans les 2 cas suivants :

1) lorsqu'ils ne sont pas précédés d'un « porteur de lettre d'or par essence » (= d'un déterminant),

2) lorsqu'ils sont précédés d'un porteur de lettre d'or gréviste* ou d'un Nullartikel**

Le disciple d'Eleren considère que les adjectifs ont un comportement digne des **mousquetaires** et ce, pour deux raisons qu'il nous explique avec son enthousiasme habituel :

Premièrement parce que, comme le feraient de bons mousquetaires, **les adjectifs récupèrent systématiquement la lettre d'or après un porteur de lettre d'or/déterminant gréviste.**

Deuxièmement parce que, selon le principe du « un pour tous, tous pour un » **la marque d'or** portée par un adjectif **est portée à l'identique par tous les adjectifs du groupe nominal.**

En effet, lorsqu'un adjectif prend une lettre d'or à la place d'un déterminant défaillant, il réagit à double titre comme un mousquetaire :

- parce qu'il sauve l'honneur du « Nom-Roi » qu'il sert, en portant ses attributs principaux (la marque d'or),
- parce que selon le principe du « tous pour un, un pour tous », tous les adjectifs portent alors cette lettre d'or au sein d'un même groupe nominal (pas seulement un seul adjectif).

* « Gréviste » c'est-à-dire : « non porteur de la lettre d'or » S ou R au nominatif ou à l'accusatif.

** On appelle « Nullartikel » (littéralement « article zéro) le pluriel de « ein » que nous noterons avec le signe Ø dans le présent ouvrage.

Ex : (Ø) guteR° Rat ist teuer. Mein✖°° guteR alteR Freund hat ein✖°° schöneS alteS bretonischeS Haus. (Ø) SchönE frischE Tomaten sind teuer*.

TOUT ADJECTIF QUI NE SUIT PAS UN DÉTERMINANT PORTEUR D'UNE LETTRE D'OR DOIT PORTER CETTE MARQUE SACRÉE DE L'ALLEMAND.

Ex : « ein guteR alteR chinesischeR Mann ». « KleinE deutschE Kinder », etc. GuteR Rat ist teuer.

Avez-vous compris ? Compléter les phrases suivantes pour vous en assurer :

EinØ deutsch__ Mann sucht einØ schön__ Geschenk. SeinØ japanisch__Auto steht auf dem Parkplatz.
Er kennt Ø jung__ Franzosen. Er möchte Ø lecker__ Tomaten kaufen.
Er besucht Ø lieb___ Menschen. Ein✖ alt___ deutsch__ Freund kommt zu Besuch. Mein__ Kinder schlafen jetzt **/***

Si en complétant les phrases qui précèdent vous avez fait ne serait-ce qu'une erreur que vous ne comprenez pas, rendez-vous aux pages intitulées **« les cours privés du disciple d'ELEREN ».** Des nouvelles explications devraient pouvoir vous réconcilier avec les lettres d'or de l'allemand.

SINON, lisez ce qui suit et apprenez à indiquer les lettres de bronze de l'allemand, c'est-à-dire des marques grammaticales de second plan qui viennent parfois en complément de la lettre d'or qui vous est désormais familière.

Les autres marques de la déclinaison allemande
ARRÊTONS-NOUS POUR UN PREMIER BILAN :

* Traduction: Un bon conseil est (=coûte) cher. Mon bon vieil ami a (= possède) une belle vieille (=ancienne) maison bretonne. Des belles tomates fraîches coûtent cher.

** Traduction : Un homme allemand cherche un beau cadeau. Sa voiture japonaise est sur le parking. Il connaît des jeunes Français. Il veut acheter des tomates délicieuses. Il rend visite à des gens sympathiques. Un viel ami allemand vient (lui) rendre visite. Mes enfants dorment maintenant.

*** Ein✖ deutscher Mann sucht ein✖ schönes Geschenk. Sein✖ japanisches Auto steht auf dem Parkplatz. Er kennt Ø junge Franzosen. Er möchte Ø leckere Tomaten kaufen. Er besucht Ø liebe Menschen. Ein✖ alter deutscher Freund kommt zu Besuch. Meine Kinder schlafen jetzt.

*** Nous présenterons la marque d'argent dans une future méthode destinée aux apprenants de niveau C.

Nous venons de découvrir la marque d'or des déclinaisons allemandes. Logiquement, nous devrions maintenant vous parler des marques d'argent. Nous ne le ferons pas à ce stade.

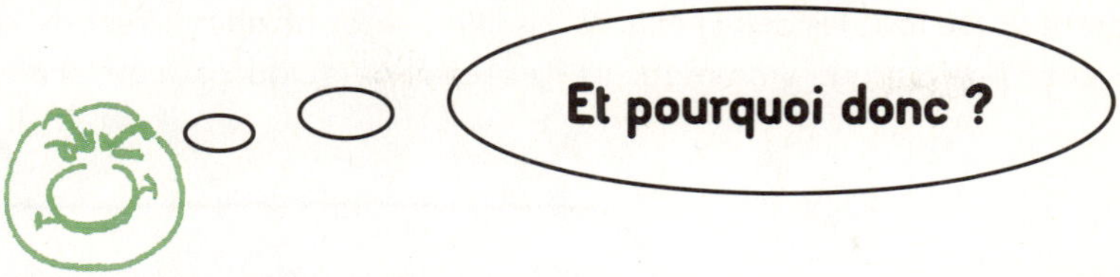

Eh bien tout simplement parce que ces marques n'apparaissent ni au nominatif ni à l'accusatif. À ce stade, la lettre d'argent restera pour vous un mystère.

Intéressons-nous en revanche de manière détaillée à la marque de bronze.

LA MARQUE DE BRONZE : UN BOUCHE-TROU GRAMMATICAL

Par rapport à ce marqueur sacré du groupe nominal qu'est la lettre d'or, la marque de bronze* est à considérer comme une sorte de « bouche-trou grammatical** ».

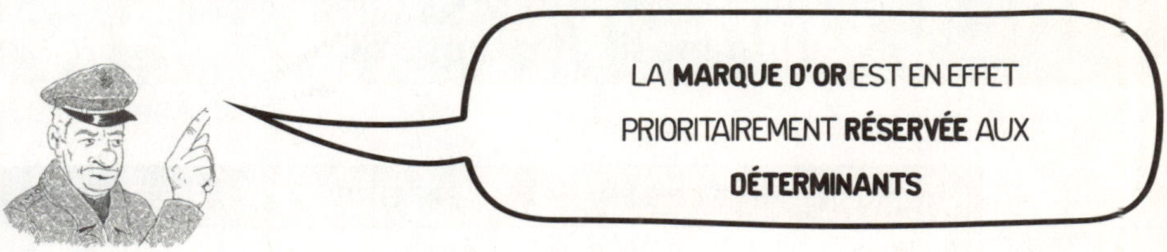

Quelle marque porte l'adjectif suivant un déterminant porteur de lettre d'or?
Réponse***:

Quelle marque porte l'adjectif suivant un déterminant non porteur de lettre d'or?
Réponse :***

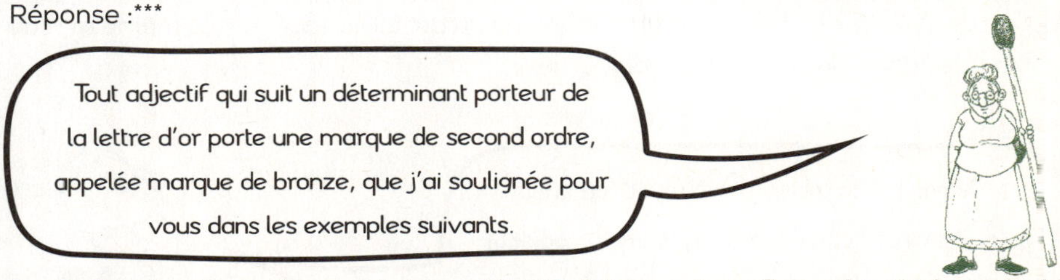

Ex : DeR alt**e** Kommissar ist hier. MeinE lieb**en** alt**en** Freunde sind auch hier.
DieseR gut**e** Freund liebt diesE schön**en** blau**en** Rosen****.

* Il est logique que l'or l'emporte sur le bronze !

** L'adjectif porte dans ce cas une lettre de bronze (c'est-à-dire une lettre « bouche-trou »).

*** Un adjectif qui suit un déterminant gréviste ou un adjectif qui ne suit aucun déterminant porte logiquement la marque d'or. (Rappel).

**** Traduction : Le vieux commissaire est ici. Mes vieux bons amis sont également ici. Ce bon ami aime ces belles roses bleues.

Que montrent ces exemples ?

Ils montrent que tous les adjectifs qui suivent un déterminant porteur de la lettre d'or se parent d'une marque grammaticale de second degré qui peut être **« e »** ou **« en »**.

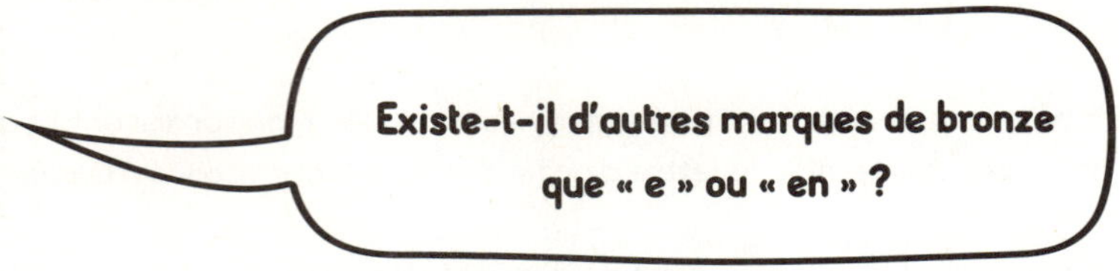

Pour répondre à cette question, observons le tableau suivant sur lequel mon amie Oma Alumette a souligné les marques de bronze du nominatif et de l'accusatif, et où notre ami le disciple a mis en majuscules les marques d'or.

Le tableau des déclinaisons allemandes
Nominatif et accusatif

	MASCULIN	FÉMININ	NEUTRE	PLURIEL
NOMINATIF	deR klugeTäter ein klugeR Täter	diE kluge Täterin einE kluge Täterin	daS kluge Kind ein klugeS Kind	diE klugen Täter klugE Täter
ACCUSATIF	deN klugen Täter eineN klugen Täter	diE kluge Täterin einE kluge Täterin	daS kluge Kind ein klugeS Kind	diE klugen Täter klugE Täter

(klug = futé. Der Täter = l'auteur d'un crime ou d'un délit. Die Täterin = ce même mot au féminin. Die Täter = les auteurs au pluriel).

Réponse : ce tableau montre clairement qu'au nominatif et à l'accusatif, **lorsqu'un adjectif** suit un déterminant porteur de lettre d'or, **il ne peut pas porter autre chose que « e » ou « en »**.

Mais, pour vous simplifier la vie, retenez ce qui suit :

Lorsque le déterminant est présent et bien porteur de la lettre d'or (cas où l'on n'a pas affaire à un gréviste), alors :

AU NOMINATIF

Au nominatif, la marque de bronze est :

toujours « e » au singulier.

toujours « en » au pluriel.

Ex (singulier) : deR junge Mann schläft - diE junge Frau liest
- daS kleine Kind spielt*.

Ex. (pluriel asexué **): diE jungen Männer schlafen- diE jungen Frauen lesen
- diE kleinen Kinder spielen.

Exercice :

➤ deR alt__ Lehrer spricht - diE jung__Schülerin lernt - daS klein__Kind singt***

➤ diE alt__ Lehrer essen - diE jung__Frauen sprechen - diE klein__Kinder schlafen****.

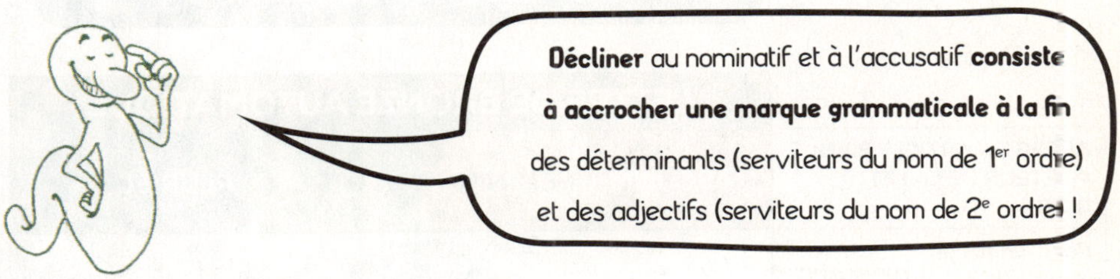

* Traduction : Le jeune homme dort. La jeune femme lit. Le petit enfant joue.

** Pluriel asexué ? Oui le pluriel allemand est asexué car nous avons toujours les mêmes lettres d'or pour le pluriel d'un nom, que celui-ci soit masculin, féminin ou neutre. Ex : die schönen Frauen ; die schönen Männer ; die schönen Kinder... alors qu'en français nous aurions eu « les beaux hommes » et les belles femmes ☻.

*** Réponse : der alte Lehrer spricht ; die junge Schülerin lernt ; das kleine Kind singt.

**** Réponse : diE alten Lehrer essen ; diE jungen_Frauen sprechen ; diE kleinen Kinder schlafen.

À L'ACCUSATIF ?

La déclinaison de l'accusatif est identique à celle du nominatif, sauf au Masculin Accusatif (c'est-à-dire au « MAC ») où, en lieu et place de la lettre R comme lettre d'or, nous avons « N » et où, comme marque de bronze, nous avons « en » au lieu de « e ».

■ Ex DeR gute Mann (Nominatif) ➤(ich kenne) eineN guten Mann (Accusatif)

En tant que débutant il vous semble peut-être suffisant de savoir que l'accusatif se construit comme le nominatif, sauf au « MAC *» (masculin accusatif où la lettre d'or est « N » et la lettre de bronze « en »).

Nous vous conseillons toutefois d'apprendre « visuellement » le tableau suivant :

Le tableau des lettres de bronze du « NOMINACCUSATIF »

		LETTRE DE BRONZE AUTOMATIQUE			
APRÈS UN ARTICLE BIEN PORTEUR DE LA LETTRE D'OR		MASCULIN	FÉMININ	NEUTRE	PLURIEL
Par exemple après « deR, diE, daS, ou deN » selon le cas et le genre du nom	NOMINATIF	(gut°-)e			(gut°-)en
	ACCUSATIF	(gut°-)en	(gut°-)e		

° = adjectif « gut » fourni à titre d'exemple.

* On pourrait envisager de dire ‹ MAAK › ou ‹ MAAC ›.
Toutefois, pour des raisons phonétiques, nous préférons la version ‹ MAC ›.

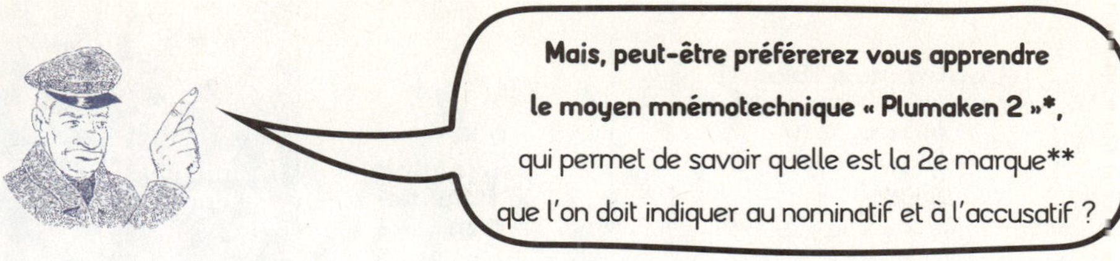

« La solution PLUMACK'EN 2 »...

Le nom « Plumac k'en », vous sera bientôt connu. Il s'agit en effet du nom du procureur allemand qui confie souvent des enquêtes au commissaire Eleren !

Mais en quoi ce nom peut-il nous aider à savoir quand mettre la marque « e » et quand mettre la marque « en » à un adjectif suivant un déterminant « doré », c'est-à-dire porteur d'une lettre d'or ?

Stagiaire, dites-nous en plus !
Comment fonctionne votre astuce ?

Tournez la page pour connaître ma réponse :

* Il s'agit d'une idée qui vous permettra plus tard (à partir du niveau B1) de maîtriser également les lettres de bronze du datif et de génitif.

** La deuxième marque, c'est-à-dire la « marque de bronze ».

L'affirmation selon laquelle au nominatif et à l'accusatif, la « marque de bronze est  toujours « EN » ▼ **au pluriel** quel que soit le cas	 **peut et doit se simplifier en...** ▼	 **...un mot qui se résume à son tour par :** ▼
	« PLUS » (pour tous les pluriels quels qu'ils soient)	**➤ PLU**
AU MASCULIN ACCUSATIF	**« MA(A)C »**	**...MACK***

Nous obtenons ainsi : « PLU-MA(C)K » = ➤ **ajout de la lettre de bronze « en »** **.

« PLU-MAK'EN », doit s'interpréter comme suit :
Au **« PLU**(riel) et au Masculin **AK(kusativ)** ➤ la marque de bronze est **systématiquement « en » dans tous les cas « Plumaken »** au nominatif et à l'accusatif, **et « e » « dans tous les cas Non-Plumaken ».**

ex : « diesE kleinen Kinder lieben diesE guten Trickfilme *** » et « ich habe eineN lieben Hund****».

* La version PLUMACK tient compte du ‹ C › français d'ACCUSATIF et du K allemand pour ‹ AKKUSATIV ›.

** En d'autres termes : **Lorsque vous aurez un PLU(riel) ou un (Masculin AKkusativ)**, vous mettrez la marque bronze ‹ en › et si vous n'avez pas un ‹ PLUMACK'EN › (=**PLU**(riel) **ou un (Masculin AKkusativ)**, mettez la lettre de bronze ‹ e ›.

*** Nous avons ici deux groupes nominaux au pluriel, sur lesquels, les lettres ‹ en › soulignées correspondent à la marque de bronze. Selon le principe de ‹ PLU-MAK'EN › la marque de 2e catégorie ‹ en › doit être indiquée sur l'adjectif (au pluriel nominatif ou accusatif) précédé d'un déterminant porteur d'une lettre d'or.

**** Nous avons ici un groupe nominal au Masculin AKkusativ sur lequel les lettres ‹ en › soulignées correspondent à la marque de bronze qui – selon le principe de ‹ PLU-MAK'EN › – doit être indiquée sur tout adjectif ‹ Masculin AKkusativ › précédé d'un déterminant porteur d'une lettre d'or.

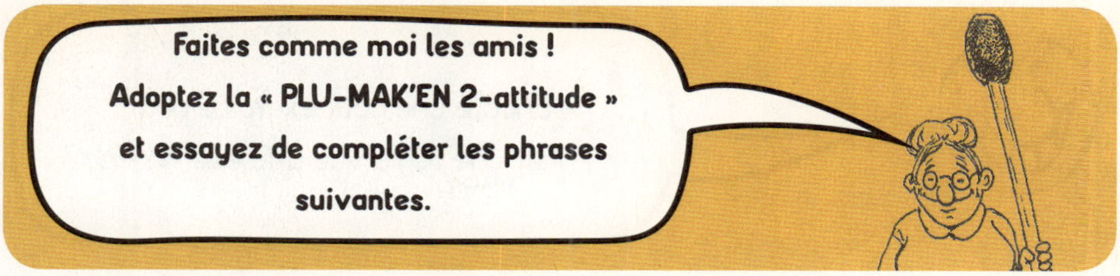

DieseR alt__ Mann sieht seinE lieb___ Enkelkinder (petits-enfants). DiesE jung__ Frauen suchen ihreN blau__ Wagen.
Unsere neu__ Freundinnen kaufen sich einE rot__ Sporttasche. Dieser jung__ Mann sucht ein__ frisch__ Brötchen*.

Vous avez fait au moins une erreur dans l'exercice qui précède ? Le Kommissar Eleven pense savoir pourquoi. Il sait en effet que les Français ont du mal à intégrer le principe de la hiérarchie selon lequel **la lettre de bronze ne peut être portée que par un adjectif qui suit un déterminant porteur de la lettre d'or**. Il vous invite à refaire une série d'exercices en gardant à l'esprit l'importance du chiffre « 2 » que son disciple a indiqué dans son moyen mnémotechnique » :

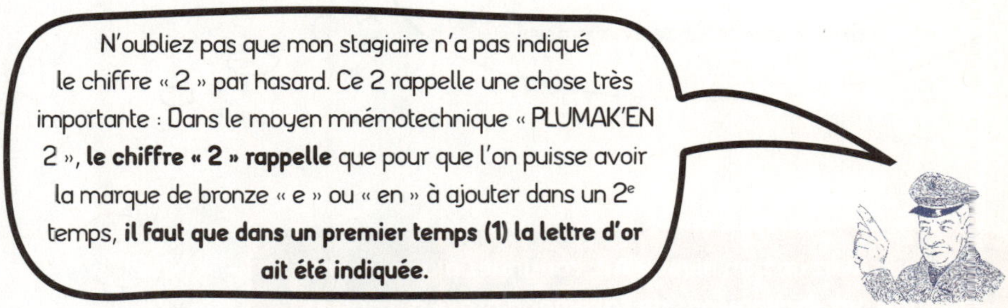

Avez-vous compris ? Faites encore l'exercice suivant pour vous en assurer.
Deutsch__ Frauen suchen unser__ lieb___ Kinder. Dies__ jung__ Männer essen rot___ Tomaten. Mein__ neu__ deutsch___ Kolleginnen kaufen sich schön__ italienisch___ Schuhe37. Dies___ jung__ Kommissar mag frisch__ Äpfel38.

* DieseR alte Mann sieht seinE lieb**en** Enkelkinder. DiesE jung**en** Frauen suchen ihreN blau**en** Wagen. Unsere neu**en** Freundinnen kaufen sich einE rot**e** Sporttasche. (Partout où, dans ces phrases au nominatif et à l'accusatif, il y avait un **« PLU »** ou un **« MAK »** nous avons mis la lettre de bronze **« en »**. Partout ailleurs, **(lorsqu'il n'y avait ni « PLU » ni « MAK »** nous avons mis un **« e »**). Dieser junge Mann sucht einX frischeS Brötchen. Notez en revanche que « frisch » n'a pas pu porter ici une lettre de bronze parce qu'il ne suivait pas un déterminant porteur d'une lettre d'or. Mousquetaire dévoué au Roi-Nom et respectueux du principe de la hiérarchie, il s'est drapé de la lettre d'or « S » qui caractérise le nom.

** N'oubliez pas que selon le principe des « mousquetaires » il vous faudra ajouter la même marque grammaticale sur tous les adjectifs présents dans le même groupe nominal.(ex : « ein guteR alteR deutscheR Freund », « GutE altE Freunde », et « diesE guten deutschen Freunde »).

*** DeutschE Frauen suchen unserE lieb<u>**en**</u> Kinder. DiesE jung<u>**en**</u> Männer essen rotE Tomaten. MeinE neu<u>**en**</u> deutsch<u>**en**</u> Kolleginnen kaufen sich schönE italienischE Schuhe. DieseR jung<u>**e**</u> Kommissar mag frischE Äpfel. Remarque :ces phrases comportent uniquement des groupes nominaux au nominatif et à l'accusatif. Nous avons employé le principe du PLUMAK'EN 2 qui nous a astucieusement conduit 1/ à nous assurer que la lettre d'or était bien portée par le déterminant. **2a**/ à draper tous les adjectifs de la même lettre d'or si la lettre d'or n'était pas portée par le déterminant du groupe nominal. <u>**2b**</u>/ à draper tous les adjectifs de la même lettre de bronze <u>**« e »**</u> ou <u>**« en »**</u>- selon le principe du PLUMAK'EN » si la lettre d'or était effectivement portée par le déterminant du groupe nominal.

Encore une petit exercice pour vérifier une règle vue précédemment ?

Complétez si nécessaire :
Diese Äpfel sind grün___ Diese Marmelade ist sehr___ billig__. Dieser Fisch ist wirklich sehr___lecker___*.

... Je retiens qu'en allemand seuls les pronoms et les éléments placés devant un nom se déclinent. Un adjectif isolé ne se décline jamais !

Si vous avez un bon niveau A2, continuez à apprendre la suite des déclinaisons de l'allemand grâce à d'autres méthodes en attendant la parution de la suite de celle-ci.

* Diese Äpfel sind grün. (ces pommes sont vertes). Diese Marmelade ist sehr billig. (cette confiture est bon marché). Dieser Fisch ist wirklich sehr lecker. (ce poisson est vraiment excellent). Il n' y avait pas de raison de décliner ici ces adjectifs puisqu'ils ne sont pas placés devant un Nom. Quant à «sehr», sachez que comme en français les adverbes allemands sont invariables!

Souvenez-vous : En allemand, les adjectifs se déclinent uniquement s'ils ont un nom associé à leur droite.

Français	Allemand
La femme est be**lle** = ➤	Die Frau ist **schön**.
Les hommes sont be**aux** = ➤	Die Männer sind **schön**.
Les femmes sont be**lles** = ➤	Die Frauen sind **schön.**

PHONÉTIQUE : L'UMLAUT DE LA SOMBRE FRAU AMOURO

En lisant « Frau Amouro » (qui s'écrirait « Frau Amuro » en allemand) vous prononcez toutes les lettres et combinaisons de lettres de l'allemand qui se forment au niveau de la glotte.

Comme la glotte est un endroit qui reste sombre, les sons qui y sont prononcés sont appelés « sons sombres* ».

Pour apporter de la lumière aux sons sombres, l'allemand a trouvé la solution de l'Umlaut (un mot signifiant littéralement « dévieur de son ») que nous pouvons considérer comme un éclaireur de sons sombres ressemblant à une sorte de conduit servant à faire remonter à un niveau supérieur les sons prononcés dans la glotte.

Pour obtenir une déviation des sons sombres vers le haut, il existe 2 solutions:

- Ajouter un E derrière les lettres sombres
- Faire surmonter ces lettres sombres de ce signe appelé signe de l'Umlaut, évoqué précédemment, qui se présente sous la forme d'une sorte de trémas verticaux symbolisant une remontée de l'air vers le haut.*

* ¡Les lettres A-U-O et AU qui se prononcent respectivement [A] –[OU]- [O]- [AO] sont toutes contenues dans le terme « Frau Amouro »!

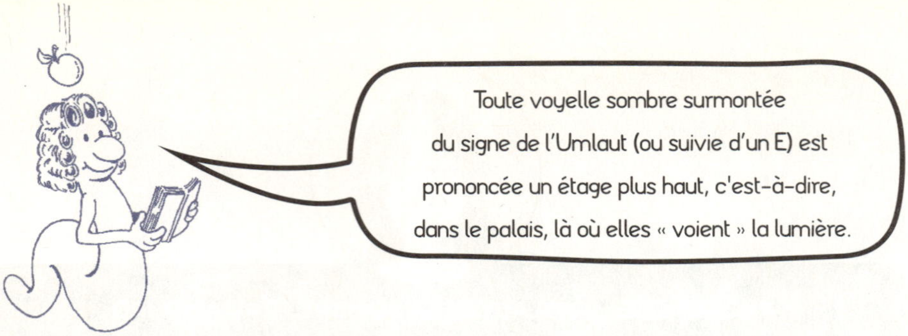

Subitement éclairées, les voyelles sombres « A, O et U » et la diphtongue sombre « AU » (qui sont toutes contenues dans « Frau Amuro ») se prononcent alors comme suit :

Voyelle **« Amuro » prononcée** ➤ **au fond de la gorge**		LETTRE INITIALEMENT SOMBRE QUI, ÉCLAIRÉE PAR L'UMLAUT **... se prononce alors en un son,** ➤ **dans le palais**
A [A]		AE ou Ä [È]
Die Bar (le bar)	➤	Der Bär (l'ours)
O [O]		OE ou Ö [ŒU] comme dans le mot « coeur »
Der Sohn (le fils)	➤	Die Söhne (les fils)
U [OU]*		UE ou Ü [U] comme dans le mot « une »
Der Hut (le chapeau)]	➤	Die Tüte (le sac plastique)
Diphtongue du mot « Frau » **prononcée** ➤ **au fond de la gorge**		DIPHTONGUE INITIALEMENT SOMBRE QUI, ÉCLAIRÉE PAR L'UMLAUT « Fräulein » **... se prononce alors** ➤ **dans le palais**
AU [A-O]		ÄU [OYE] comme dans le mot « soyez »
Das Haus (la maison)	➤	Die Häuser (les maisons)

Exercice : Lisez en la présence de quelqu'un pouvant vous corriger :

Gott (Dieu)	Goethe (écrivain)
Verkaufen (vendre)	der Verkäufer (le vendeur)
Das Buch (le livre)	die Bücher (les livres)
Das Glas (le verre)	Die Gläser (les verres)

* Le ‹ U › se prononce [OU] comme dans le mot français ‹ Roue ›.

Les voyelles combinées sont généralement « mouillées »

A l'exception des combinaisons de voyelles „A+U" (que l'on trouve dans le mot „Haus" par exemple) et « I+E » (ex : hier) toutes les doubles ou „triples* " combinaisons de voyelles se prononcent de la manière „mouillée" suivante :

- ÄU (se lit „oille") – exemple : die Mäuse (les souris)- der Verkäufer (le vendeur).
- AI (se lit „aille") – Mais im Mai. (Du maïs en mai)-
- EI (se lit „aille") – „Sein oder nicht sein" (être ou ne pas être)-
  „klein aber nicht allein" (petit mais pas seul)-
- EU= (se lit „oille" **) ex : heute – Leute

Pour nous résumer :

AU **(se lit „a-o") ex : Frau KAUCHBACH – auch (aussi)**

EU **(se lit „oille") ex : heute** – Leute (les gens)**

AI **(se lit „aille") ex : Mais im Mai = [Mailss imm Maille]**

EI **(se lit „aille") ex : Ein Bein. [Ainn Bainn].**

AN **(se lit „systématiquement comme le "an" du prénom „Anne") ex : Frankreich**

EN **(se lit „systématiquement comme le "en" du mot „hennir") ex : Jochen**

IN **(se lit „systématiquement comme le "in" du mot „innombrable") die Lehrerin (la professeure)**

ON **(se lit „systématiquement comme le "on" du mot „bonheur") Der Balkon (mais das „Bonbon"! à cause d'une reprise exceptionnelle de la prononciation française originelle).**

UN **(se lit „systématiquement comme le "oun" du mot „doudoune") : rund (rond) - der Hund (le chien)**

AM **se lit „systématiquement comme le "AM" du mot „AMI" ----- ambulant**

EM **se lit „systématiquement comme le "EM" du prénom „EMMA" ----**
Jochen ist empört (Jochen est emporté/ énervé)

IM **se lit „systématiquement comme le "IM" du mot „IMMOBILE"= importieren**

OM **se lit „systématiquement comme le "EAUM" du mot „HEAUME" = der Strom (le courant)**

UM **se lit „systématiquement comme le "OUM" du mot „BOUM"- die Blume. (la fleur) *****

* ÄU correspond à la combinaison de Ä+U. Or, comme Ä correspond déjà à la combinaison „A+E", nous considerons avoir ici en quelque sorte la combinaison de „3" voyelles.
** Comme dans „oyez braves gens" !
*** Heu dans heute (aujourd'hui) se lit comme « hoy » en espagnol, mot qui signifie également « aujourd'hui »

LE PRÉSENT –PREMIERS VERBES À CONNAÎTRE

Dans l'introduction intitulée « l'allemand sans la grammaire », nous avons vu qu'il était possible de dire bien des choses en allemand sans avoir à composer avec les déclinaisons.

Qu'en est-il des conjugaisons ?

Commençons par une bonne nouvelle :

La conjugaison du présent est très facile.

Comme en français, en anglais et dans d'autres langues, les seuls verbes qui ont une conjugaison hors normes au présent sont les verbes auxiliaires. Cette caractéristique « internationale » tient au fait que ces verbes ont été tellement souvent utilisés qu'ils ont fini par s'émanciper en se déformant*.

Apprenons à les conjuguer !

Il existe trois auxiliaires en allemand :

- sein
- haben
- werden

Commençons par apprendre à conjuguer les deux les plus courants : « sein » (être) et « haben » (avoir).

* Notons à ce propos qu'en allemand les verbes auxiliaires „haben" et „ werden" perdent une consonne de leur base souche monosyllabique : ***du habst ➤ du hast; *Er/sie habt ➤ er/sie hat; *du wirdst ➤ du wirst.**

LA CONJUGAISON DE SEIN ET DE HABEN

SEIN (être) + des exemples de compléments possibles			HABEN (avoir) + des exemples de compléments possibles	
(je)	ich BIN	➤ Franzose	ich HABE	➤ Zeit (le temps)
(tu)	du BIST	➤ Französin	du HAST	➤ drei Tomaten (3 tomates)
(il/elle)	er/sie IST	➤ schön	er/sie HAT	➤ Tee (du thé)
---	---	---	---	----
nous	wir SIND	➤ froh	wir HABEN	➤ Schokolade
1er vous	ihr SEID°	➤ hier	ihr HABT	➤ drei Bücher
2e vous°°	Sie SIND	➤ alt	Sie HABEN	➤ Kaffee
ils/elles	sie SIND	➤ jung	sie HABEN	➤ Zeit

°= (se lit [ir zait] avec le « z » français)

°° « 2e vous » = comprendre ici « le vous de politesse allemand », qui doit être employé pour le vouvoiement d'une ou de plusieurs personnes vouvoyées, alors que le « 1er vous correspond à un « vous » adressé à des gens que l'on tutoierait individuellement.

BRAUCHEN-SUCHEN ET LES MODAUX

Apprenons également à conjuguer le verbe « brauchen », un verbe très utile, (signifiant « avoir besoin de ») **qui peut également servir à introduire de manière quasi automatique des mots de base, transparents ou non.**

Verbe brauchen	+ ce dont vous avez besoin
ich brauche *	➤ die Polizei (la police)
du brauchst	➤ die Post (mot transparent)
er braucht	➤ ein Restaurant (mot transparent)
wir brauchen	➤ ein WC (mot transparent)
ihr braucht	➤ ein Geschäft (un magasin)
Sie brauchen	➤ Kartoffeln (des pommes de terre)
sie brauchen	➤ Hilfe (de l'aide)

Comme nous le verrons un peu plus loin de manière plus détaillée, la quasi totalité des verbes allemands se conjugue selon le modèle du verbe « brauchen ».

* Se prononce ich [brao(r)hhe] où le ‹ ch › de ‹brauche› se lit comme un ‹ Rhh › prononcé au niveau de la glotte où l'on entend fortement le souffle du ‹ R › remontant, mais quasiment pas le roulement du ‹ r ›. Hispanophone pensez à la ‹jota› espagnole.

Il n'est donc pas étonnant que le verbe « suchen », qui peut également vous servir de « starter langagier » se conjugue exactement selon le même modèle :

Apprenez-ce verbe supplémentaire. Il vous permettra de répondre à la question : **Was** suchen Sie? (Que cherchez-vous) en répondant : « ich suche +... »

Verbe suchen	+ Un nom féminin ou neutre au singulier avec son article d'origine
ich suche du suchst er sucht wir suchen ihr sucht sie suchen	➤ die Polizei ➤ die Post ➤ das Restaurant ➤ das WC ➤ das Geschäft (le magasin) ➤ das Haus (la maison)

Ces deux exemples montrent que ces deux verbes se conjuguent en prenant exactement les mêmes terminaisons, à savoir :.

	ich, du, er, sie	**wir, ihr, sie**
Ich	----- + E	wir ----- + EN
Du	----- + ST	Ihr ----- + T
er/sie	----- + T	sie ----- + EN

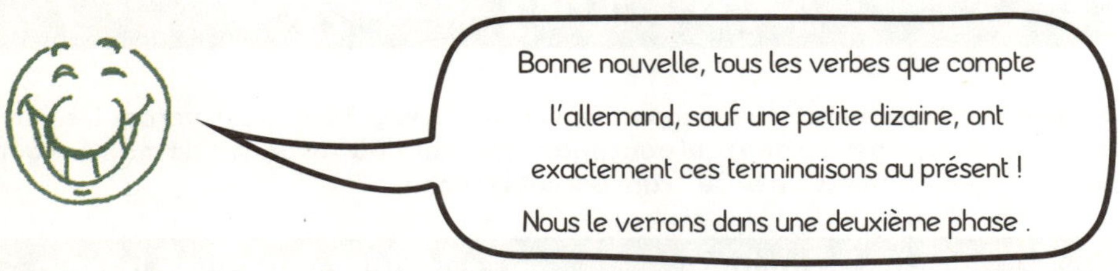

Lernen Sie noch! (= apprenez encore !) „WERDEN" (devenir) „KÖNNEN" (pouvoir) et „SOLLEN" (devoir)... trois verbes utiles à connaître, qui font partie des 10 verbes **« renégats » qui** ne se conjuguent pas selon le modèle universel des terminaisons du présent en « E-ST –T » aux trois premières personnes du singulier.

suchen (devenir)	*	**sollen** (devoir)	*	**können** (pouvoir)	*
ich **werde** du **wirst** er /sie **wird** wir **werden** ihr **werdet** Sie **werden** sie **werden**	groß	ich **soll** du **sollst** er /sie **soll** wir **sollen** ihr **sollt** Sie **sollen** **sie** sollen	essen	ich **kann** du **kannst** er /sie **kann** wir **können** ihr **könnt** Sie **können** sie **können**	singen

Avec ci-dessous, quelques exemples supplémentaires de compléments possibles que vous pouvez ajouter après les verbes modaux « können » et « sollen »:

ich **kann**	ein bisschen (un peu) gut (bien) sehr gut (très bien)	➤	verstehen (comprendre) lernen (apprendre) schreiben (écrire) singen (chanter)
ich **soll**	**bald** (bientôt) **jetzt** (maintenant) **nicht** (ne pas- négation) **schon** (déjà)		

LE CAS „MÖCHTEN"

et... « MÖCHTE ?»

MÖCHTE que nous avons beaucoup utilisé dans les premières leçons **n'est pas une forme du présent.**

L'ingrédient « möchte », qui correspond au conditionnel du verbe « mögen » (mögen = bien aimer), est c utile à connaître et très facile à employer. Cette forme verbale se conjugue en effet exactement comme « sollen » au présent...

....à la fois aux trois premières personnes du singulier...

		+ terminaisons		
ich du er, sie, es	+ base fixe **« MÖCHTE»**	⊘	= ➤ ich MÖCHTE	(je voudrais)
		ST	= ➤ du MÖCHTEST	(tu voudrais)
		⊘	= ➤ er/sie MÖCHTE	(il/elle voudrait)

... et aux quatre personnes du pluriel:

wir	**MÖCHTEN**	(= nous voudrions)
(ihr)	**(möchtet)**	(= vous voudriez)
Sie	**MÖCHTEN**	(= vous voudriez)
sie	**MÖCHTEN**	(=ils/elles voudraient)

Exercice : En utilisant à chaque fois « möchte », traduisez :

Je souhaiterais réserver. Souhaiterais-tu boire du café ? Elle aimerait manger du gâteau. Nous voudrions du sucre s'il vous plaît. Désireriez-vous manger ? Désirez-vous boire quelque chose de frais ? Elle souhaite dormir ici.*

* Ich möchte reservieren. Möchtest du Kaffee trinken? Sie möchte Kuchen essen. Wir möchten bitte Zucker. Möchten Sie essen? Möchten Sie etwas Frisches trinken? ou en cas de tutoiement pluriel avec « ihr » : Möchtet ihr essen? Möchtet ihr etwas Frisches trinken? Sie möchte hier schlafen.

LA CONJUGAISON DES VERBES AU PRÉSENT EN DÉTAIL

Le principe du verbe souche

Avant de nous intéresser à la conjugaison des verbes au présent, précisons ce qui suit :

Remarque préliminaire : le principe du « VERBE SOUCHE »
Les verbes souche de l'allemand.

Nous avons vu que la langue allemande aime les noms composés, des mots dont le genre dépend du genre du **« nom souche »**, qui est systématiquement situé le plus à droite ex : **Die** Bahn et das Auto = ➤ **Die Autobahn**.

De même que l'on trouve des « noms souche » qui servent de base à la formation ces noms composés, il existe en allemand des verbes « souche », qui permettent à des éléments de venir s'agglutiner devant eux, dans le but de créer **« des verbes composés ».**

(ex. de verbe souche : **kaufen**. Ex. de verbe composé : « ver**kaufen** »)

Les verbes « souche » sont des verbes au radical le plus souvent monosyllabique* (ex : steh, geb, fahr, etc.) auxquels, à l'infinitif, on ajoute la marque de l'infinitif, c'est-à-dire la marque « (e)n ».

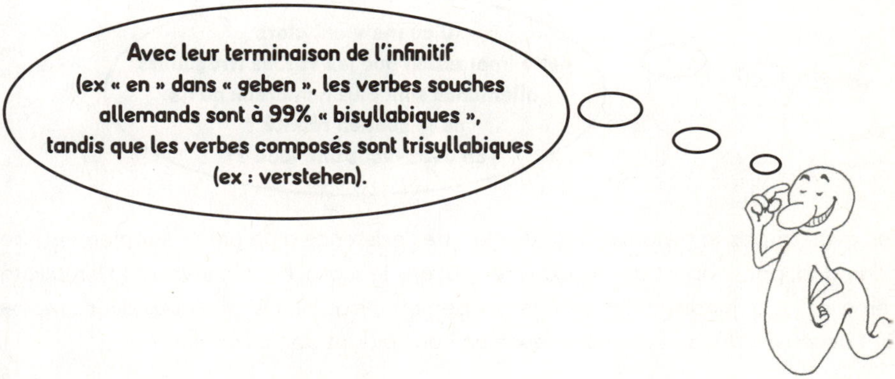

* Seuls les verbes souche en « ieren », issus de mots étrangers, comptent en revanche souvent 2 ou 3 syllabes en tant que verbe souche.

LES VERBES ISSUS DU FONDS GERMANIQUE QUI COMPTENT PLUS DE DEUX SYLLABES, MARQUE DE L'INFINITIF INCLUSE (EX : VER/KAUF/EN) SONT DES VERBES COMPOSÉS D'UNE PARTICULE PRÉVERBALE, APPELÉE « PRÉVERBE », PLACÉE DEVANT LE VERBE SOUCHE BISYLLABIQUE (EX : VER+VERBE SOUCHE KAUFEN= ➤ VERKAUFEN).

Il y a en allemand de très nombreux verbes « composés ».
Toutefois, avec les apprenants du premier palier (A1, A1+), intéressons-nous dans un premier temps uniquement à la conjugaison des verbes souche.

La conjugaison des verbes "souche" de l'allemand.

Nous nous intéresserons plus tard à la conjugaison des « verbes allongés », qui découle de celle des verbes « souche » que nous allons maintenant présenter aux apprenants débutants.

La conjugaison des verbes au présent est-elle facile ?
Oui, elle l'est !

Après avoir appris la « mauvaise nouvelle » de l'existence d'un genre supplémentaire en allemand, par rapport au français, retrouvons le moral en découvrant la simplicité extrême de la conjugaison des verbes aux personnes du pluriel que nous allons maintenant découvrir de manière astucieuse en nous aidant de nos oreilles !

* Réponse : Les verbes irréguliers sont souvent des verbes très courants (ex: geben, nehmen) devenus irréguliers pour avoir été beaucoup utilisés (plus un verbe est utilisé, plus il a tendance à « s'user »).

Les 4 personnes du présent pluriel

Le modèle unique de conjugaison qui s'applique
À TOUS LES VERBES SOUCHE ALLEMANDS
SAUF „SEIN"

gehen	werden	können	Explications
wir **gehen**	wir **werden**	wir **können**	wir + infinitif inchangé
ihr geh**T** Sie **gehen**	ihr werd**ET** Sie **werden**	ihr könn**T** Sie **können**	ihr + « infinitif amputé[148] « + » (e)T et Sie + infinitif inchangé
sie **gehen**	sie **werden**	sie **können**	sie + infinitif inchangé

Que remarquons-nous ?

Alors que les radicaux des verbes français subissent des profonds changements lors de la conjugaison aux personnes du présent pluriel[149], **en allemand**, hormis « sein », **tous les verbes souche ont deux bonnes nouvelles à nous annoncer :**

1- Nous formons nos différentes personnes du pluriel uniquement **sur des „radicaux verbaux[150]" qui ne changent jamais au pluriel**.

2- 3 personnes sur 4 (wir, Sie et sie) forment leur pluriel présent **en ajoutant l'infinitif inchangé** derrière elle (ex : *wir essen, Sie essen, sie essen)*

Après avoir appris la « mauvaise nouvelle » de l'existence de deux pronoms allemands pour traduire le pronom français « vous »[151] il était temps de

[148] « amputé de la marque de l'infinitif en « *en* ».

[149] **En français, pour former les trois personnes du pluriel** il faut ajouter **trois terminaisons** différentes (« ons, ez, ent ») au radical du verbe[149]. **Parfois** cela se fait après avoir **modifié celui-ci à une ou deux reprises** au pluriel (penser au radical « **craind**(re) » qui devient « craign » et à « prendre » qui devient « pren » aux 2 premières personnes du pluriel et « prenn » à la 3e personne du pluriel).

[150] Le radical d'un verbe = l'infinitif moins la terminaison « *en* ».

redonner le moral aux troupes d'apprenants en leur faisant découvrir la simplicité extrême de la conjugaison allemande des verbes aux personnes du pluriel.

Allright. Je dois reconnaître que la conjugaison allemande est « very » facile. Mais ne le dîtes pas trop s'il vous plaît car nous n'aimons pas la concurrence des autres langues européennes !

EN D'AUTRES TERMES :

WIR, SIE, SIE = AUCUNE CONJUGAISON À FAIRE

IHR =
= Infinitif verbal amputé de „en"
(marque de l'infinitif) + (e) T

☹ Au lieu d'ajouter seulement « T » à la 2e personne du pluriel il faut parfois ajouter « ***(e)****T* ».
Mais sachez que cet ajout d'un « e » devant les terminaisons « T » a une explication très logique d'ordre phonétique.

Essayez en effet de prononcer *ihr arbeitt ou *ihr findt en prononçant **absolument toutes** les lettres écrites comme l'exige la langue allemande ... *Impossible ! Unmöglich !* Sans ajout d'un « **E aérant** » à ces personnes, vous risqueriez de vous étouffer (!) en prononçant ces formes.

voilà qui est révolutionnaire !

En tout cas, chapeau ! Les formes du présent pluriel de l'allemand sont extrêmement faciles à former :

« Chapeau » ? ou plus exactement « bonnet de marin ? ».
Tournez la page pour comprendre ce à quoi je fais allusion !

---

151 *ihr* = vous du tutoiement pluriel. *Sie* = «vous» pour le vouvoiement d'une ou de plusieurs personnes.

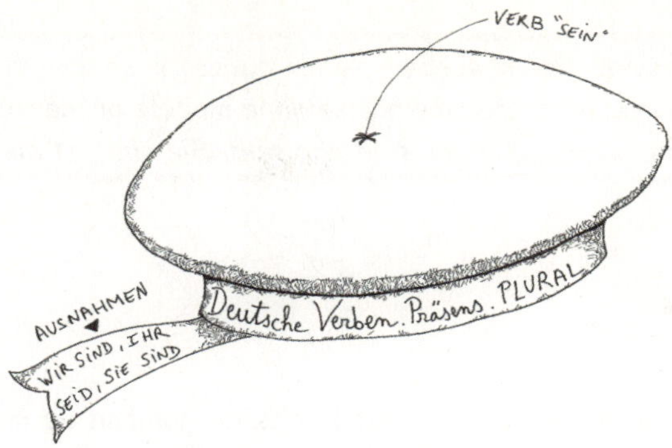

(Ausnahmen : = exceptions)

Effectivement, le bonnet de marin ci-dessus résume toute la simplicité de la conjugaison des personnes du pluriel des verbes de base allemands :

Que montre ce couvre-chef ?

° La partie plate symbolise les quelque 13 000 verbes que compte la langue allemande.

° Tous ces verbes, sauf un seul, (**le verbe « sein » = le « pompon », différent du reste**), fonctionnent selon le simplissime principe d'unité absolue.

Le bonnet de marin visible ci-dessous se décrypte en effet comme suit :

La surface blanche désigne donc ces milliers de verbes allemands souche (ex :*haben, werden, können, müssen, finden, geben, sprechen,* etc.) qui, aux personnes du présent pluriel, se conjuguent selon le modèle unique expliqué ci-dessous :

exemples▼

1e pers.du pluriel)	**(wir)**	+ infinitif verbal **non modifié**	wir kommen/nehmen/können
2e personne du pluriel- tutoiement pluriel	**ihr**	+ T ajouté au radical du verbe inchangé [151]	ihr **kommT/nehmT/könnT**
2e pers. du pluriel : (vouvoiement)	(Sie)	+ **infinitif verbal** non modifié	Sie kommen/nehmen/können
3e pers. du pluriel	(sie)		sie kommen/nehmen/können

Question : Pourquoi, sur le tableau qui précède, avons-nous placé les personnes « wir, Sie et sie » entre parenthèses et pourquoi avons-nous écrit « **ihr** » en gras ? Réponse[152]

---

[151] Le radical du verbe étant «l'infinitif verbal privé de la marque de l'infinitif « en ».

[152] Réponse : Nous voulions ainsi souligner qu'après les personnes « *wir, **Sie** et sie* », (correspondant à *nous*, à *vous* du vouvoiement pluriel ou non et ils/elles) il n'y avait rien d'autre à faire qu'à ajouter

Et le pompon symbolise le verbe « sein » qui est le seul verbe allemand qui au présent pluriel ne se décline pas selon le modèle présenté ci-dessus. Apprenez donc par cœur « *wir sind, ihr seid, Sie sind*, et *sie sind* ».

☺ **Le cas « sein » c'est le cas du pompon du marin !**

Conclusion à mi-parcours :

▼

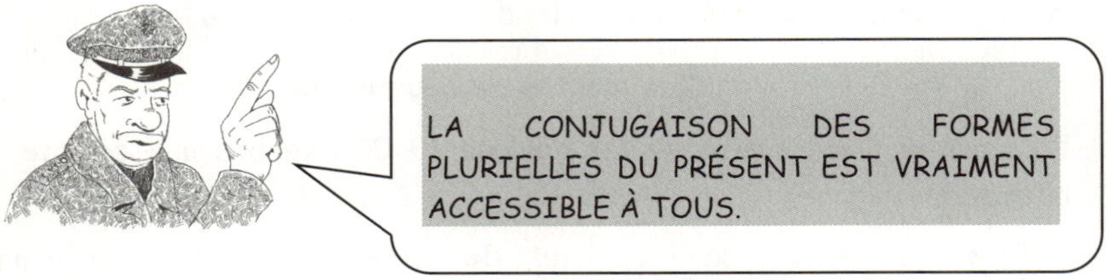

La conjugaison des trois personnes du présent singulier

Nous avons appris plus haut à conjuguer les auxiliaires « sein », « haben » et « werden » à toutes les personnes du singulier et du pluriel.

Enfin, nous avons vu précédemment que la conjugaison aux quatre personnes du pluriel que compte l'allemand était simplissime pour tous les verbes allemands **sauf pour un** : le verbe « sein ».

Il nous reste maintenant à nous intéresser à la conjugaison des personnes du singulier de tous les verbes qui ne sont pas des verbes auxiliaires.

Là aussi, les choses sont simples.

---

l'infinitif des verbes tandis qu'avec ***ihr*** (correspondant à « vous » du tutoiement pluriel) **il fallait seulement ajouter T** (éventuellement eT) **au radical inchangé de l'infinitif** (verbe amputé de sa terminaison de l'infinitif « en »).

Il existe deux modèles :

1. Le modèle « Ø-ST- Ø » qui concerne

seulement 7 verbes allemands.

2. Le modèle « E - ST-T »

qui, avec ses deux variantes, concerne tous les autres verbes de l'allemand soit plus de 10 000 verbes !

1. LE MODÈLE « Ø- ST-Ø » pour 7 verbes

À apprendre par cœur, le modèle « +Ø, +ST, + Ø » est valable pour seulement 7 verbes,

ich ▶	+ base fixe du singulier à connaître par cœur	+ Ø	**Ex : kann**+Ø, **will**+Ø, weiß+Ø =▶ ich kann, ich will, ich weiß
du ▶	ex : **können=▶ kann)** **wollen =▶ will)** **(sollen =▶ soll)** **(müssen =▶ muss)** **(dürfen =▶ darf)** **(mögen =▶ mag)** **(wissen =▶ weiß)**	+ ST	Ex : kann+**ST**, wil+**ST**, **weiß+(S)T** =▶ **du kannst, du willst, du weißT**[154]
er/sie /es ▶		+ Ø	Ex : kann+**Ø**, wil+**Ø**, **weiß+Ø** =▶ **er kann, er will, er weiß**

[154] Notez que comme on ne peut pas avoir un « S » de plus par rapport au(x) « S » présents dans le radical des verbes ou dans leur base fixe du présent à connaître par **cœur**, on ne peut pas ajouter ST à la base « **ß** » **qui est assimilée à 2 „S". Vous pouvez également retenir qu'on ne peut jamais avoir 3 „S" dans une terminaison allemande, or le ß est considéré comme 2 „S"!**

Les verbes concernés par ce modèle sont les 6 verbes modaux *wollen* (pouvoir), *sollen* (devoir au sens moral), *müssen* (être obligé de), *mögen* (bien aimer), *dürfen* (être autorisé à) et *können* (pouvoir) et le verbe *wissen* (connaître) que nous vous recommandons de connaître par coeur.

Pour l'instant nous avons surtout rencontré les verbes *können*, *wollen* et *wissen* dont la déclinaison est :

können	wollen	wissen
ich kann	ich will	ich weiβ
du kannst	du willst	du weiβt
er kann	er will	er weiβ
wir können	wir wollen	wir wissen
ihr könnt	ihr wollt	ihr wisst
Sie können	Sie wollen	Sie wissen
sie können	sie wollen	sie wissen

2.a. Le modèle du singulier dit « E-ST-T fixe »

Extrêmement productif puisqu'il s'applique à quasiment tous les verbes allemands, le modèle N°1 est appelé modèle fixe « E-ST-T » parce qu'il exige l'ajout des terminaisons suivantes derrière le radical du verbe inchangé (inchangé =fixe)

- la terminaison « E » à la 1ère personne du singulier (ich),
- la terminaison « ST » à la 2e personne du singulier (du),
- la terminaison « T » à la 1ère personne du singulier (er/sie/es) :

ich	 + radical inchangé de l'infinitif	+ E	**Ex : ich lerne Deutsch, ich gehe, ich arbeite**
du	**+ radical de l'infinitif non modifié en son centre** 	**+** (e)**ST**	(**sans** modification du radical) ex : du lern+st, du verkauf+st (du arbeitest)
er/sie/es		**+** (e)T	er lernt, sie trinkt, es geht mir gut ! (je vais bien) er arbeitet

2.b. La variante du présent singulier dit « E-ST- T aéré 2-3 »

Comme nous l'avons vu plus haut avec « ihr », parfois, pour des raisons phonétiques, au lieu d'ajouter seulement « ST » à la 2e personne du singulier et « T » à la 3e personne du singulier, il faut ajouter « *EST* » et « *ET* ».

Prononcer **er arbeitt,* » « **er findt* » ou « * *du findst* » sans l'ajout d'un « **E** » aérant à ces personnes, serait effectivement mission impossible.

Quels verbes allemands doivent accueillir un « e » aérant devant leurs terminaisons « ST » et «T » ?

Réponse : Il existe certes une liste complète des terminaisons imprononçables sans l'ajout d'un « e » aérant votre prononciation.

Mais faites cependant plutôt confiance à votre ressenti et ajoutez un « e » aérant lorsque sans celui-ci, vous n'arriveriez pas à prononcer la forme obtenue, comme c'est le cas avec : **findst et *findt* (qui deviennent respectivement *findest* et *findet)* et avec **arbeitst* et **arbeitt* (qui deviennent les formes prononçables *arbeitest* et *arbeitet)*

2.c. La variante du présent singulier « E-ST-T mouvant 2-3 »

A CONNAÎTRE ABSOLUMENT !

Ce modèle concerne une cinquantaine de verbes courants, tels que *„geben"* (donner) ***„fahren"*** (circuler en véhicule/conduire), ***sprechen*** (parler), ***essen*** (manger), etc.

Observons la déclinaison des personnes du singulier du présent :

GEBEN	FAHREN
ich gebe	ich fahre
du gibst	du fährst
er/sie/es gibt	er/sie/es fährt

Que remarque-t-on ?

<table>
<tr><td>ich</td><td>+ radical de l'infinitif inchangé</td><td>+ E</td><td colspan="2">Ex : ich spreche, ich fahre</td></tr>
<tr><td rowspan="2">du
er sie…</td><td rowspan="2">+ radical de l'infinitif modifié en son centre</td><td>+ (e)ST</td><td rowspan="2"></td><td>(avec modification du radical)
ex : du sprich+st, du gib+st, du fährst</td></tr>
<tr><td>+ (e)T</td><td>(avec modification du radical)
sie gibt, er spricht, er isst (il mange), er fährt</td></tr>
</table>

Résumons-nous:

La 1ère personne du singulier

La première personne du singulier est toujours facile à former puisqu'elle se forme en ajoutant « E » au radical du verbe, (c'est-à-dire à l'infinitif moins la marque « *en* » de l'infinitif).

Les 2e et 3e personnes du singulier des verbes de type « E-ST-T 2-3 »

Ces personnes sont un peu plus difficiles à former. Il faut en effet ajouter « *ST* » ou « *T* » à un radical de verbe qui a été modifié en son centre.

Uniquement aux 2e et 3 e personnes du singulier, il faut **ajouter les terminaisons** « ST » et « T » **au** **radical du verbe modifié en son centre.**

(Apprenez toutefois dès à présent que cette modification est très souvent un « i », un « ie » ou un « ä », même si elle est parfois autre (par e.x : « äu »!)
exemples :

	VERBE	2e pers.singulier	3e pers. sing.	Modification
(donner)	geben	du gibst	er /sie gibt	I
(manger)	essen	du isst	er /sie isst	I
(prendre)	nehmen	du nimmst	er /sie nimmt	I
(voir)	sehen	du siehst	er /sie sieht	IE
(dormir)	schlafen	du schläfst	er /sie schläft	Ä
(courir)	laufen	du läufst	er/sie laüft	ÄU
/..../			/..../	

Notez que les modifications vocaliques constatées aux 2e et 3e personnes du singulier conduisent tous à la production de sons prononcés dans le palais : [I], [I:] et [Ä] notamment.

Pour ma part, je préfère penser à « ÉMILIE LAKÄ » et au tableau ci-dessous

VERBE		
RADICAL en « **EH** » ou en « **E** »		RADICAL en « **A** »
▼	▼	▼
IE	**I**	**Ä**

1) Émilie

Mon truc est de penser : **« Émilie LAKÄ »**

Lettres du radical souvent modifiées	Lettres apparaissant dans le radical aux personnes 2 et 3 du singulier	
EH ou E	ou bien « I » ou bien « IE »	
EH ou E ▶	**I**	**IE**
Ce qui donne le nom « Émilie » (= le « **É** » du radical devient « **i** » ou « **ie** »)		
É ▶	(M) **I**	(L)**IE**
sehen, lesen, geben, essen	*gibt, isst*	*sieht, liest,*

2) LAKÄ

LAKÄ

Lettres du radical souvent modifiées	Lettres apparaissant dans le radical aux personnes 2 et 3 du singulier	
A ▶	**Ä**	
Ce qui donne le nom «LAKÄ» (= Le « *A* »du radical devient « *Ä* »)		
L(A)	**K(Ä)**	
exemples▼	exemples▼	exemples▼
sehen, lesen, geben, essen	*gibt, isst*	*sieht, liest,*

Exercice : Utilisez les verbes *lernen* (apprendre), *sollen* (devoir), *müssen* (être obligé de), *kaufen* (acheter), *sprechen* (parler), *schreiben* (écrire) et *geben* (donner), traduisez les phrases suivantes : Je parle beaucoup. Tu parles aussi beaucoup ! J'apprends l'allemand. Elle parle avec Hans. Donnes-tu des tomates à Anja ? ! Elle est obligée d'écrire quelque chose. Il doit acheter quelque chose de bon. [155]

[155] Ich spreche viel. Du sprichst auch viel! Ich lerne Deutsch. Sie spricht mit Hans. Gibst du Anja Tomaten? Sie muss etwas schreiben! Er soll etwas Leckeres kaufen.

LA SIMPLISSIME FORMATION DU FUTUR ALLEMAND

Le futur est extrêmement facile à former en allemand. Ce n'est pas comme en français[156], et c'est surtout bien plus simple qu'en anglais où, à cause des formes progressives, il existe au moins 3 manières de former ce temps !

En allemand, il n'existe qu'une manière de former le futur :

Celle qui consiste à faire précéder un infinitif de l'auxiliaire *werden* conjugué au présent : En d'autres termes, cela donne :🡇

Auxiliaire werden	**+ un infinitif**		Exemples	
ich werde	**+ un infinitif**  **tout simplement**		ich werde	haben froh sein essen telefonieren fahren...
du wirst			du wirst	
er/sie wird			er/sie wird	
wir werden			wir werden	
ihr werdet			ihr werdet	
Sie werden			Sie werden	
sie werden			sie werden	

Nous sommes désolés de ne pas aller dans le sens de ceux, nombreux, qui affirment que la grammaire allemande est un casse-tête. Il n'existe toutefois pas aucune manière plus compliquée de former le futur en allemand !

La seule « difficulté » avec le futur est, qu'en allemand, dans les phrases simples (comprenant un seul verbe conjugué : ex : ich werde morgen fahren), l'infinitif doit toujours être positionné en dernière place.

---

[156] Pensez aux déformations importantes subies par les radicaux de certains verbes français lors de la formation du futur. Ex : avoir, être, venir, aller => j'aurai, je serai, je viendrai, j'irai.

Exemple :

Auxiliaire werden	+ éventuellement divers compléments non verbaux	+ infinitif toujours placé en dernier

Exemples : 🡻

er wird	bald mit Petra	**reisen** (voyager)
wir werden	morgen Abend viel	**singen** (chanter)
	hier nicht mehr	**einkaufen** (faire des courses)...[157]

Exercice :

Mettez les phrases suivantes au futur: Ich komme nicht. Er hat Angst. Der Kommissar Eleren findet eine Lösung. Dieser Mann verkauft (vend) frische Tomaten. Frau Teitung sucht uns immer (Mme Teitung nous cherche toujours) ⊶ :[158]

---

[157] Bald mit Petra = bientôt avec Petra. Morgen Abend. Viel = beaucoup… demain soir. Hier nicht mehr = ne plus.. ici

[158] (toujours avec en fin l'infinitif associé à l'auxiliaire *werden)* =>Ich werde nicht kommen. Er wird Angst haben. Der Kommissar Eleren wird eine Lösung finden. Dieser Mann wird frische Tomaten **ver**kaufen. Frau Teitung wird uns immer suchen.

L'IMPÉRATIF

L'impératif existe en allemand pour :

- **<u>une personne du singulier (« du »)</u>**
- **...et pour 3 personnes du pluriel (wir, ihr et Sie) qui sont surtout <u>les 2 formes du « vous »</u>** (vouvoiement de politesse –« Sie » - ou pluriel de « du » - = « ihr »-)

LES PERSONNES DU PLURIEL

Hélas, comme au présent, il existe 2 formes avec « vous » à l'impératif!

Mais qu'à cela ne tienne, il est extrêmement facile de former les personnes du pluriel de l'impératif. Regardez !

SIMPLE ET ☺ ENCORE PLUS SIMPLE ↓

	Avec le „vous" du tutoiement pluriel (~~IHR~~) 	**Avec le „vous" du vouvoiement de politesse, singulier ou pluriel** SIE 
	ihr arbeitet schnell ► ~~ihr~~ arbeitet schnell!	Sie arbeiten schnell ► arbeiten **Sie**[158] schnell!
	ihr fangt früher an[159] ► ~~ihr~~ fangt früher an!	Sie fangen heute an ► fangen **Sie** heute an!
	**MAIS** : ihr seid froh „donne"► ~~ihr~~ seid froh ! (sans le pronom personnel „ihr"	**MAIS** : Sie sind froh ► Seien Sie froh!

[158] Notez que par respect envers la/les personne vouvoyées, le pronom personnel « Sie » se retrouve à l'impératif, alors qu'aux 2e personnes du singulier et du pluriel (« du » et « ihr ») il s'éclipse.

[159] Fangt früher an ! = commencez plus tôt !

Il est particulièrement simple de vouvoyer poliment 1 ou 2 personnes:

Sauf avec le verbe renégat « *sein* », le vouvoiement de politesse est simple : il est effectivement strictement identique à la forme du présent (= à l'infinitif), à une seule différence près :

Le pronom « Sie » doit passer derrière la forme verbale !

VOUVOYER À L'IMPÉRATIF (FORME DE POLITESSE)	
Présent	**Présent inversé = Impératif**
Sie essen	▶ essen Sie !
Sie fahren	▶ fahren Sie !
Sie schreiben	▶ schreiben Sie !
etc..	

pour « *sein* » la forme est « Seien Sie ! ». ex : Seien Sie froh (soyez content !).

Encore plus simple : donner un ordre à des gens que l'on tutoie individuellement (ce qui correspond à la personne « ihr »):

L'IMPÉRATIF AVEC « IHR »	
Présent	**Forme du présent amputée du « ihr » = Impératif**
ihr esst	▶ esst !
ihr fahrt	▶ fahrt !
ihr schreibt	▶ schreibt !
ihr seid froh	▶ seid froh !

Et cela fonctionne même avec le verbe « sein » !

Il suffit de supprimer le « ihr » que l'on mettrait devant la forme du présent à cette personne.

Ex : ihr versteht (vous comprenez) ▶ ~~ihr~~ versteht.

Et, chose incroyable, même le verbe « sein » fonctionne ainsi. Regardez :

ihr seid froh (vous êtes contents) ▶ **~~ihr~~ seid froh** !

LES PERSONNES DU SINGULIER IMPÉRATIF

Comme pour le présent, à l'impératif la formation du singulier est un peu moins simple (mais seulement « un peu moins »).

En effet, l'impératif singulier de tous les verbes de base, sauf une cinquantaine, suit le principe de formation suivant :

1- ▶ôter la marque « en » à la fin de l'infinitif,
2-▶ne pas indiquer le pronom personnel (« du »).

Exemples▼

gehen▶ geh!; kommen▶ komm! (viens!)
lernen▶ lern!; (apprends!)
verstehen▶ versteh! (comprends !)
froh sein :▶ sei[161] froh!

L'impératif singulier paraît bien simple.

« Jein » (c'est-à-dire « Ja » und « Nein » !)

Il existe en effet deux types d'exceptions pour l'impératif singulier !

a) La fausse exception aérante

Les verbes dont le radical accepte un « e » aérant entre la fin du radical et les terminaisons « ST » et « T » (ex : du arbeit**e**st, er find**e**t) voient également un « e » s'ajouter derrière le radical du verbe à l'impératif singulier et à la personne du tutoiement pluriel (ihr) :

ex : at**m**en (respirer) =▶ « atm**e**! atm**e**t! » ; fin**d**en (trouver) =▶ « find**e**! find**e**t » ; zeich**n**en (dessiner) =▶ « zeichn**e**! zeichn**e**t! » ; wer**d**en (devenir) =▶ « werd**e**! werd**e**t ! » ; arbei**t**en (travailler) =▶ « arbeit**e**! arbeit**e**t! »).

b) Les vraies exceptions :

---

161 Même si la forme « sei » semble irrégulière, en réalité elle ne l'est pas puisqu'elle suit le principe consistant à ôter la marque de l'infinitif à l'infinitif. En revanche, la personne du pluriel « Seien Sie » est en effet particulière.

b1) le verbe « werden »

Ce verbe forme son impératif singulier comme suit :

Werde vernünftig ! (deviens raisonnable)

b.2) Certains verbes « irréguliers 2-3 » du présent [162]

Hormis « werden[163] » tous les verbes qui, aux personnes 2 et 3 du présent singulier, ont accueilli un « **i** » ou un « **ie** » en remplacement du « e » de leur radical souche, conservent le son [i] ou [i:][164] lors de la formation de leur personne du singulier de l'impératif.

Exemples : sprechen= du sprichst (2), er spricht(3) =▶ « sprich! »
essen= du isst (2), er isst(3) =▶ « iss! »
nehmen= du nimmst (2), er nimmt(3) =▶ « nimm! »
lesen= du liest (2), er liest(3) =▶ « lies! »
sehen= du siehst (2), er sieht(3) =▶ « sieh! »

En revanche, les verbes qui, comme „fahren", ont accueilli un *Umlaut* aux formes 2 et 3 du présent singulier, perdent celui-ci à l'impératif singulier
(ex : *du fährst* mais *„fahr!"*, *du läufst* mais *„lauf!"*.)

Exercice : complétez ce tableau :

	DU	IHR	SIE
lieb sein	sei lieb!	seid lieb!	....
warten	warte!	....!	warten Sie!
Kommen	....	kommt!	kommen Sie!
schlafen	....	schlaft!	schlafen Sie!

Solutions[165]

[162] Cette notion a été présentée dans les pages consacrées aux présents irréguliers. (A revoir si nécessaire).

[163] Ce verbe étant « *irrégulier 2-3 en i* » au présent (du wirst, er wird), nous aurions pu nous attendre à ce qu'il forme un impératif singulier avec un **i**. Tel n' est toutefois pas le cas. L' impératif singulier de ce verbe est en effet « werde ».

[164] Un son dont la graphie correspondante est « **ie** »

[165] : seien Sie lieb! wartet ! komm! schlaf!

Je retiens pour ma part qu'il est particulièrement facile de s'adresser à l'impératif à quelqu'un que l'on vouvoie.

Il suffit en effet d'inverser la place du verbe et du sujet par rapport à la forme du présent.
Ex : **Sie** kommen schnell (devient▶) Kommen **Sie** schnell !

POSER DES QUESTIONS EN ALLEMAND

POSER DES QUESTIONS SUR L'ACTION EXPRIMÉE PAR UN VERBE ET SES COMPLÉMENTS POSSIBLES

Pour poser une question fermée (avec « Ja » ou « Nein » comme réponse possible) sur un lieu, sur une date, sur une personne ou sur une activité qui nous semble envisageable, il convient de commencer la question par un verbe.

On rencontre alors deux cas de figure :

a) Il y a dans la phrase un seul verbe *conjugué* (ex : Du *kaufst* etwas Schönes).
b) On trouve dans la phrase un verbe *conjugué* et son complément verbal, (une forme verbale invariable - que nous appellerons « verbe décisif »- qui peut être un infinitif ou un participe passé).

Ex : Er *wird* uns morgen besuchen *(Il nous rendra visite demain).*

1) Poser une question dans une phrase possédant un seul verbe conjugué.

Lorsqu'une question porte sur un verbe lié à un sujet connu, **le verbe** est toujours placé **en première position** et il est obligatoirement suivi du sujet.

Ex : Kommst du heute?

1e place	2e place	places suivantes
verbe	**sujet**	reste de la phrase
Kaufst	du	heute Brot für mich[166]?

[166] Achètes-tu du pain pour moi ?

2) Poser une question dans une phrase possédant un verbe conjugué

Pour poser une question dans une phrase possédant un verbe conjugué (verbe modal ou verbe auxiliaire) concrètement **associé à un verbe « décisif invariable** [167]» à l'infinitif il faut procéder comme suit :

Le verbe conjugué (à savoir, le verbe auxiliaire ou le verbe modal) est toujours placé en première position et il est obligatoirement suivi du sujet.
Le verbe à l'infinitif ou le participe passé [168]est en revanche toujours placé en fin d'énoncé verbal (= en fin de proposition).

Exemples :

1e place **(auxiliaire ou verbe modal)**	2e place **(sujet)**	.....	dernière place **(verbe décisif[169])**
Ich werde heute nach Offenburg fahren. = ▶			
Wirst	du	heute nach Offenburg	fahren?
Ich kann heute sehr gut lernen. = ▶			
Kannst	du	heute (sehr) gut	lernen?

En utilisant la personne de la politesse (Sie), traduisez : Viendrez-vous demain ? Désirez-vous voir quelque chose de beau ?
Ferez-vous cuire du poisson demain (Fisch kochen)? Désires-tu boire quelque chose de frais [170]
Pouvez-vous travailler sans professeur? Mangerez-vous ce gâteau? Voulez-vous partir (en véhicule)? Solutions :[171]

---

[167] verbe décisif = verbe exprimant l'action décisive dont il est question.

[168] Ex : « gegessen » dans : **Hast** du schon genug **gegessen** ? (As-tu déjà mangé aujourd'hui ? »). Le participe passé (« gegessen » ici) sera abordé dans le tome 2 de notre méthode.

[169] Verbe décisif = verbe exprimant l'action accomplie par le sujet par opposition aux verbes auxiliaires et modaux qui servent à former un temps composé ou à expliquer le contexte d'accomplissement d'une action (ex : wollen, können, sollen, etc.).

[170] Werden Sie morgen kommen ? Möchten Sie etwas Schönes sehen? Werden Sie morgen Fisch kochen (faire cuire du poisson)? Möchtest du etwas Frisches trinken?

[171] Können Sie ohne Lehrer arbeiten? Werden Sie diesen Kuchen essen? Wollen Sie (ou « möchten Sie) weggehen?

POSER DES QUESTIONS DU TYPE „QUI FAIT" (telle ou telle chose)

▶ **Utilisez „Wer" pour poser une question sur un sujet vivant inconnu.**

WER

Dieses Kind schläft gut. Diese Mädchen spielen gut zusammen?	▶ Wer schläft gut? ▶ Wer spielt gut zusammen?

Exercice :

Posez des questions sur l'élément souligné :

Dieses Kind ist froh (cet enfant est joyeux).

▶ ....

Dieser Mann fährt zu schnell (cet homme roule trop vite).

▶ ....

Meine Freunde sind sehr klug (mes amis sont très futés).

▶ .... Solutions [172]:

POSER DES QUESTIONS SUR UN SUJET QUE L'ON SAIT ÊTRE UN OBJET

▶ **Utilisez „Was" pour poser une question sur un sujet non vivant inconnu** (par exemple sur une voiture, une fleur, un stylo...)

Ein grünes Fahrrad fehlt[173] Eine Blume ist hier	▶ Was fehlt? ▶ Was ist hier?

Exercice : Posez des questions sur l'élément souligné :

Dieses Motorrad ist rot (cette moto est rouge)

---

[172] Corrigé: Wer ist groβ? Wer fährt zu schnell? Wer **ist** sehr klug? Notez au passage que comme en français le verbe servant à poser une question introduite par *wer* est mis au singulier même lorsque la question porte sur un pluriel. (ex : ☺ qui **est** futé? * ☹ qui ~~sont futés~~?)

[173] = Un vélo vert manque.

▶ ....

Dieser Zug fährt zu schnell (ce train roule trop vite)

▶ ....

Diese Getränke sind zu teuer (ces boissons sont trop chères)

▶ ....Solutions [174]

POSER DES QUESTIONS SUR UNE CHOSE OU UN ANIMAL COMPLÉMENT DE TYPE « COD »

▶ Utilisez „Was" pour poser une question sur une chose ou sur un animal servant de complément d'objet direct à l'accusatif.

Complément à l'accusatif « simple »[175] » WAS +	
Ich suche <u>ein blaues Auto</u> Ich sehe <u>einen Stuhl</u> Ich esse <u>Pommes</u>	▶ **Was** suchst du? ▶ **Was** siehst du? ▶ **Was** essen Sie?

<u>Exercice</u> : ➔ Posez des questions avec WAS sur les éléments soulignés?

Diese Tiere essen auch Bananen.

▶ Wie bitte[176], ...?

Diese Menschen verkaufen Würste. ▶ Wie bitte, ...?

Diese Kinder suchen ihre Spielzeuge (ces enfants cherchent leurs jouets)▶ Wie bitte, ...? Ein Hund kommt ▶Wie bitte,...? Die Touristen kaufen Souvenirs. ▶ Wie bitte, ...?[177]

---

[174] Corrigé : Was ist rot? Was fährt zu schnell? Was **ist** zu teuer? Notez au passage que, comme en français, le verbe servant à poser une question introduite par ***was*** est mis au singulier même lorsqu'il est clair que la question porte sur un pluriel. (ex : ☺ qu'est-ce qui **est** vert ? * ☹ qu'est-ce qui ~~sont verts~~ ?).

[175] C'est-à-dire non précédé d'une préposition.

[176] «Wie bitte» (littéralement : comment s'il vous plaît ? /= «pardon!»/ en français) peut être ajouté devant un pronom interrogatif.

[177] Wie bitte, was essen auch diese Tiere? Wie bitte, was verkaufen diese Menschen? Wie bitte, was suchen diese Kinder? Wie bitte, was kommt? (nb : on pourrait dire „wer" kommt pour signaler qu'on considère cet animal un peu comme une personne). Wie bitte, was kaufen die Touristen ?

POSER UNE QUESTION SUR UN « C.O.D » PERSONNE À L'ACCUSATIF

▶ **Utilisez „WEN" pour poser une question sur une personne servant de complément d'objet direct**

Complément à l'accusatif « normal »[178] ▶WEN	
Ich sehe meinen Freund Peter	▶ **Wen** siehst du?
Ich suche meine Freunde.	▶Wen suchst du?
Er kennt diese Frau	▶ **Wen** kennt er?

Exercice : ➔ Posez des questions avec WEN sur les éléments soulignés :

Meine Freunde suchen *meine Kollegen*.

▶ Wie bitte, ...?

Diese Frauen kennen *diese Kinder*.

▶ Wie bitte, ...?

Diese Polizisten suchen *den Dieb* (ces policiers cherchent le voleur).

▶ Wie bitte, ...?179

Poser des questions sur un lieu « wo - wohin »

En allemand, deux mots peuvent traduire « où » ; Il s'agit de ***wo*** et de ***wohin***.

Pourquoi ?

☺ ▶ Eh bien, parce que comme beaucoup d'autres langues européennes l'allemand utilise deux pronoms interrogatifs différents selon que la questior porte :

▶ sur un nouveau lieu à atteindre (1e solution)

ou bien, au contraire ...

---

[178] C'est-à-dire non précédé d'une préposition.

[179] Wie bitte, wen suchen deine Freunde ? Wie bitte, wen kennen diese Frauen ? Wie bitte, wen suchen die Polizisten ?

▶ sur un lieu où le sujet reste durant toute la durée de l'action exprimée par le verbe (2e solution)

B ↻ A **„*wohin*" pour exprimer une idée de direction.** (ex : wohin fährst du heute ?). Nous avons ici un déplacement d'un espace « A » **vers un nouvel espace**, appelé « espace B ».

↓ **„*Wo*" pour une notion de localisation fixe** (ex : wo wohnst du ?).

Exercice : Sachant cela, traduisez : Où vas-tu ? Où habitez-vous Mme Müller ? Où habites-tu ? Où va ce train ?[180]

BEI et ZU – NACH et IN – INet IN

Nous venons de voir qu'il existait deux manières de poser la question « où ».

Pour répondre à la question « où » (WO), nous n'aurons pas les mêmes prépositions selon si l'on s'intéresse à :

- Un nom commun ou propre relatif à une personne :

  ▶ bei/ou **zu + un nom commun de personne**

- Un nom commun non relatif à une personne :

  ▶ in + un groupe nominal décliné

- Un nom propre de pays ou de ville :

  ▶in + un nom propre

Traduire „chez quelqu'un" et „à la maison"

1/ Pour indiquer « être chez quelqu'un »

il faut utiliser la préposition « BEI » + « datif automatique ».

BEI WEM ? ▶ BEI (+ être vivant)

[180] Wohin gehst/fährst du ? Wo wohnen Sie Frau Müller? Wo wohnst du? Wohin fährt dieser Zug?

Ex : où (=chez qui) vis-tu? (bei wem lebst du?).

▶ Ich lebe bei Oma Alumett, bei einer Freundin, bei meinen Eltern.

2/ Pour indiquer « se rendre chez quelqu'un »

il faut utiliser la préposition « ZU » + « datif automatique ».

ZU WEM? ▶ ZU (+ être vivant)!

Ex : Zu wem fährst du ?

▶ Ich fahre zu meinem Freund. Ich gehe zu meiner Kollegin. Ich fahre zu dir. Ich fahre zu Frau Teitung.

Exercice :

Zu wem gehst du? ____________ meinem Vater.

Bei wem wohnst du? ____________ meinen Freunden.

Zu wem fliegst du? ____________ meiner Kollegin Anja[181]

Notez les différentes expressions figées pour traduire en allemand « à la maison » :

- **« À la maison » avec une idée de mouvement : ▶ NACH**

Je vais à la maison : ich **fahre nach** Hause
« NACH -- pour les VAIS-NACH (veinards ☺) »

- **« À la maison » pour ceux qui y sont et qui n'en sortent pas :▶ ZU**

Je suis à la maison : ich **bin zu** Hause.
(Die Tür ist zu[182] ☺)

---

[181] Corrigé : Ich gehe zu meinem Vater. Ich wohne bei meinen Freunden. Ich fliege (aller en avion) zu meiner Kollegin Anja.

[182] Die Tür ist zu ☺ = la porte est fermée. La porte étant fermée on ne peut logiquement pas quitter la maison (!). (Moyen mnémotechnique).

Traduisez : Je travaille à la maison. Je dors à la maison ce soir. J'irai bientôt à la maison. Solutions [183]

Traduire « être à » et « se rendre à » + un lieu nommé avec un nom propre (ville ou pays)

Nom de ville ou de pays non précédé d'un article, par exemple : *Deutschland, Frankreich, Spanien, Italien, Österreich,* etc.

Utilisez le couple « NACH- IN »
(☺Nach-in ☺ Voici quelque chose que je sens bien !)

« IN » pour traduire « être à »+ un lieu nommé avec un nom propre

WO ? ▶ IN (+ PAYS ET VILLE)

⚠

Ex : Où vis-tu? (wo lebst du?).

▶ Ich lebe in Strasbourg, in Ulm, in Frankreich, in Deutschland, in Österreich.

« NACH » pour traduire « se rendre à »+ un lieu nommé avec un nom propre

WOHIN? ▶ NACH (+ PAYS ET VILLE)

⚠

Ex : Où vas-tu? (**wohin fährst du ?**)

▶ Ich fahre nach Strasbourg, nach Ulm, nach Frankreich, nach Deutschland, nach Österreich.

Exercice :**Wohin** fliegt dieses Flugzeug? ______________________ Budapest.

____ wohnt der Pilot ? ______________________ Ulm.

______ fährt dieser Kollege? __________________ Lahr. Corrigé 184: Traduction[185] :

[183] Ich arbeite zu Hause. Ich schlafe heute Abend zu Hause. Ich werde bald nach Hause fahren (ou « gehen »).

Traduire : « se rendre à » + un nom de lieu exprimé par un nom commun
▼

Pour répondre à une question (de type « wo » ou « wohin ») avec un nom commun de lieu /par exemple « *une ville* » *(eine Stadt)*, « *un magasin* » *(ein Geschäft)*.../ **utilisez selon le cas le le couple « IN + ACC(usatif) » ou « IN+DAT(if) ».**

WO ? ▶ IN (+ Nom commun au datif)

!

Ex : où vis-tu? (wo lebst du?)

▶ Ich lebe in einer Kleinstadt. Ich arbeite in einem Geschäft. Ich lerne in einer Schule[186].

Remarque : Certes, nous n''avons pas étudié le datif. En annexe, vous trouverez toutefois un tableau présentant les terminaisons de ce cas qui nous étudierons en détail dans la suite de cet ouvrage.

WOHIN? ▶ IN (+ Nom commun à l'accusatif)

Ex : où vas-tu ? (wohin fährst du)

▶ Ich fahre in diese Stadt. Ich gehe in dieses Geschäft.

Exercice : **Wohin** fliegt dieses Mädchen? ______________________in das Ausland.

____ geht dieser Mann? ____________________________in die Stadt.

Wohin fährt dieser LKW ? ___________________auf die Autobahn. Solutions [187]

---

[184] Dieses Flugzeug fliegt nach Budapest. Wo wohnt der Pilot ? Der Pilot wohnt in Ulm. Wohin fährt dieser Kollege? Dieser Kollege fährt nach Lahr.

[185] Vers quelle destination s'envole cet avion? Il va à Budapest. Où habite le pilote? Le pilote habite à Ulm. Où se rend ce collègue? Ce collègue se rend à Lahr (en véhicule).

[186] J'habite dans une petite ville. Je travaille dans un magasin. J'apprends dans une école.

[187] Dieses Mädchen fliegt ins Ausland. (= in das Ausland). Wohin geht dieser Mann? Er geht in die Stadt. Er fährt auf die Autobahn. Cette jeune fille s'envole pour l'étranger. Où va cet homme (à pied)? Il va (en véhicule) sur l'autoroute.

QUAND

Pour poser une question portant sur une date, utilisez « WANN » en faisant immédiatement suivre ce pronom interrogatif par le *verbe conjugué*, puis par le sujet :

Ex : **Wann** *lernst* du am besten ? (Quand apprends-tu le mieux ?)	**Quelques réponses possibles ▼ :** abends (le soir) ; nachts (la nuit)am Nachmittag (l'après-midi)

Wann *wird* sie uns wieder besuchen ? (Quand nous rendra-t-elle de nouveau visite ?)	**Quelques réponses possibles ▼:** .. um 10 Uhr dreiβig (à 10 h30) ... ...heute (aujourd'hui)...morgen (demain) ...bald (bientôt) ....nie (jamais)

Traduisez : Quand mangeons-nous? Nous mangeons à 11 heures 30. Quand travaillez-vous? Je travaille toujours (immer). Quand aurez-vous de nouveau faim?.Bientôt! [188]

COMMENT

Le pronom interrogatif français « comment » se traduit par « wie ». Pour poser une question avec « WIE » faites immédiatement suivre ce pronom interrogatif par le *verbe conjugué*, puis par le sujet :

exemples : **Wie** *findest du* dieses Wörterbuch ? (comment trouves-tu ce dictionnaire?).

Wie geht es dir ? (littéralement : comment ça va « pour/chez » toi?)

Pour répondre à de telles questions, utilisez un adverbe (mot invariable).

Exemples : Ich finde dieses Wörterbuch sehr gut ! Es geht mir ziemlich schlecht (assez mal). Sie sprechen zu schnell. (vous parlez trop vite).

Exercices : Posez les questions correspondant aux « réponses suivantes » : Du arbeitest zu langsam (trop lentement). Es geht mir sehr gut ! Ich schlafe gut hier.[189]

---

[188] *Wann essen wir? Wir essen um elf Uhr dreißig. Wann arbeiten Sie? Ich arbeite immer. Wann werden Sie wieder Hunger haben? Ich werde bald wieder Hunger haben.*

[189] *Wie arbeite ich? Wie geht es dir ?--- ou- wie geht es Ihnen? (vouvoiement) – Wie schläfst du hier? ou wie schlafen Sie hier? (vouvoiement).*

LES PLUS À CONNAÎTRE

À propos de la lecture des mots composés allemands

À l'opposé de la langue française,

...la langue allemande compte de très nombreux mots composés.

Contrairement au français, ceux-ci ont pour caractéristique de se lire en faisant des pauses au moins entre les éléments qui les composent.

Prenons à titre d'exemple le nom « le vinaigre ».

Ce substantif qui lie les mots « vin » et « aigre » forme en français une unité phonétique tellement forte qu'on ne fait plus le lien entre le mot « vinaigre » et du « vin aigre , ce qu' est pourtant le vinaigre.

S'il avait été allemand, il aurait fallu le lire « vin-aigre ».

Ayez bien conscience de ce qui précède. Cela vous aidera en effet à comprendre comment vous devez lire les mots composés allemands que vous allez bientôt rencontrer (par exemple : Das « Wörterbuch » (le dictionnaire), un mot composé de « *die Wörter* » (les mots) et de « *das Buch* » (le livre).
Le rythme de lecture allemand étant différent de celui que nous avons dans la langue française, il convient de lire les mots composés en effectuant quasiment une pause entre chaque terme associé au suivant :

Il est nécessaire de faire une ou plusieurs pauses (au bon endroit!) en lisant les mots composés allemands.

En effet, prendre conscience que le terme « magasin de chaussures » est composé des mots « Schuh » (la chaussure) et « Geschäft » (le magasin) vous permettra ainsi de ne pas prononcer ce mot « SCHUHGE-SCHÄFT », mais « SCHUH+GESCHÄFT ».

Le pluriel des noms terminés par « E » et par « IST » + le pluriel des noms féminins

- **Les nombreux noms allemands terminés par „IST" (ex : der Journalist, der Polizist...) ont un pluriel en „+EN":**

Exemples :

der Polizist ▶ die Polizisten (les policiers)
der Tourist ▶ die Touristen, etc.

- **Quel que soit leur genre, les noms allemands terminés par „E" ont également un pluriel en „+N":**

Exemples :

Die Brücke ▶ die Brücken (les ponts),
Der Name ▶ die Namen (les noms),
Der Löwe ▶ die Löwen (les lions),
Das Auge ▶ die Augen (les yeux),
etc.

- **Enfin, à l'exception de quelques rares noms monosyllabiques (et en particulier parmi ceux terminés par „T"), les noms allemands féminins ont un pluriel en „EN" (ou en „+N" si ces noms se terminent par „EL" ou par „ER").**

Exemples :

Die Frau ▶ die Frauen (les femmes),
Die Tür ▶die Türen (les portes),
Die Katze ▶ die Katzen (les chats),
Die Kartoffel ▶ die Kartoffeln (les pommes de terre),
Die Mauer ▶ die Mauern (les murs),
etc.

Notez toutefois la caractéristique des noms féminins terminés par IN : Ces noms se terminent par INNEN au pluriel :

En d'autres termes, il convient de „tripler" le „N" final de ces féminins très « in » comme on le dit chez moi.

Pour les noms féminins très « in »

LE PLURIEL DES 3 N

SINGULIER 1 „N"		▶ PLURIEL +2 „N" = 3 „N" AU FINAL!		
I	N	N	E	N

Ex :
Die Schweizerin (la Suissesse) ▶ die Schweizer**innen**
Die Touristin ▶ die Touristi**nnen**
Die Lehrerin ▶ die Lehreri**nnen**
etc.

Le pluriel des noms masculins et neutres restants n'est pas compliqué en soi.

Il vous sera cependant expliqué dans une suite à paraître.

La négation en allemand

A. Nier une idée exprimée par un seul verbe au présent :

En français la négation simple de l'idée exprimée par le verbe s'obtient en faisant précéder le verbe conjugué de "ne" et en le faisant suivre de "pas".

En allemand, lorsque nous avons affaire à un seul élément verbal, l'ajout de "**nicht**" derrière ce mot permet de nier la phrase.

Ex : Ich komme => Ich komme **nicht**.
Er schläft => Er schläft **nicht**.

B. Nier une idée exprimée avec l'aide d'un verbe de modalité :

Une phrase composée d'un verbe de modalité au présent (ex : *können* ici) se nie souvent tout simplement en faisant précéder le verbe à l'infinitif de "nicht".

Ex : Ich kann heute kommen => Ich kann heute nicht kommen.

C. Nier une idée exprimée par un adjectif qualificatif :

Il suffit de placer "nicht " devant la qualité à nier :

Ex : Frau Teitung ist jung => Sie ist nicht jung.
Jochen ist alt => Jochen ist nicht alt.

D. Nier une idée exprimée par un adverbe :

Placer *nicht* devant le ou les adverbe(s) à nier.

Er fährt (sehr) schnell => Er fährt **nicht** (sehr) schnell.
Sie singt gut=> Sie singt **nicht** gut.
Sie lernt viel=> Sie lernt **nicht** viel.

E. Nier un groupe nominal complément d'un verbe non introduit par une préposition :

« **nicht** » doit alors toujours être placé après ce type de complément :

Ex : Ich glaube es => Ich glaube es **nicht**.
Ich schreibe diesem Mann => Ich schreibe diesem Mann nicht.

LES PRONOMS PERSONNELS ALLEMANDS + RAPPELS DU PRINCIPE DE LA LETTRE D'OR

Nous avions vu plus haut que les pronoms personnels allemands aux troisièmes personnes du singulier et du pluriel (sur fond gris sur les tableaux ci-dessous) étaient toujours porteurs de la lettre d'or devant prioritairement figurer dans le groupe nominal qu'ils remplacent.

Apprenez les pronoms personnels des premières et des deuxièmes personnes du singulier et du pluriel.

AU NOMINATIF								
ich	du	eR siE eS	*(R)* *(E)* *(S)*	wir	ihr	Sie	siE

À L'ACCUSATIF							
mich	dich	ihN siE eS	*(N)* *(E)* (S)	uns	euch	Sie	siE

•

ET MÊME AU DATIF							
mir	dir	ihM ihR ihM	(M) (R) (M)[190]	uns	euch	Ihnen	ihNeN[191]

Je note 2 choses :

1) Aux cas nominatif, accusatif et datif, **les pronoms personnels de la 3e personne du singulier sont toujours porteurs de la lettre d'or du singulier**.

2) À ces mêmes cas, **les pronoms personnels de la 3e personne du pluriel sont toujours porteurs de la lettre d'or du pluriel**.

C'est pratique !

Notons que connaître le pronom permet de retrouver la lettre d'or à indiquer sur le groupe nominal.

---

190 L'ensemble des terminaisons « R-E-S-N-E-S-M-R-M » ont inspiré à Ômaire le moyen mnémotechnique suivant : « Thé » Rès(e) Nès(e) même R.M. »

191 Le pronom personne du datif pluriel signale que les groupes nominaux au datif pluriel sont caractérisés par une véritable invasion de « N » ex : mit meineN guteN KinderN (avec mes bons enfants) qui vous sera présentée dans la suite de cette méthode. Le datif est le cas du « N+ » = le cas avec « plein de « N » à ajouter (Recette de notre amie Oma AlumettE »).

COURTE INTRODUCTION AU PASSÉ

Apprenons enfin à conjuguer les verbes « sein » et « haben » au *preterit*, un des temps du passé allemand qui traduit le plus souvent tout aussi bien l'imparfait français que le passé composé français. En effet, il n'y a pas en allemand de concordance des temps du passé aussi contraignante qu'en français … ou qu 'en anglais :

HABEN	+ exemple de complément	SEIN	+ exemple de complément
ich HATTE	viel Zeit (beaucoup de temps) kein Brot (pas de pain) Tomaten (des tomates)	ich WAR	froh (content) nicht hier (pas là) groβ (grand)
du HATTEST		du WARST	
er /sie HATTE		er /sie WAR	
wir HATTEN		wir WAREN	
ihr HATTET		ihr WART	
Sie HATTEN		Sie WAREN	
sie HATTEN		sie WAREN	

LES PAGES OFFERTES POUR VOS AMIS ALLEMANDS

GRATIS-SEITEN FÜR IHRE DEUTSCHEN FREUNDE

Des pages gratuites?

Oui, des pages gratuites, rédigées selon les principes pédagogiques présentés dans l'ouvrage que vous tenez dans vos mains.

À un moment où, hélas, de moins en moins d'Allemands apprennent le français, les pages qui suivent doivent convaincre vos amis d'outre-Rhin que la langue française n'est finalement pas si difficile qu'on le croit, lorsqu'on l'apprend avec Ômaire, Eleren et leurs amis.

DIE SÄULEN DER FRANZÖSISCHEN SPRACHE

Die französische Sprache ist wie alle anderen Sprachen des Universums: Sie ruht auf mehreren Pfeilern oder Säulen.

Und wie bei den anderen Sprachen, wenn eine einzige Säule nicht richtig sitzt, dann werden Sie immer nicht ganz richtig und mit wenig Erfolg lernen können.

DIE FRANZÖSISCHE SPRACHE RUHT AUF DREI HAUPTSÄULEN

Ihre Kenntnisse und Motivation sollen auf drei Hauptsäulen ruhen:

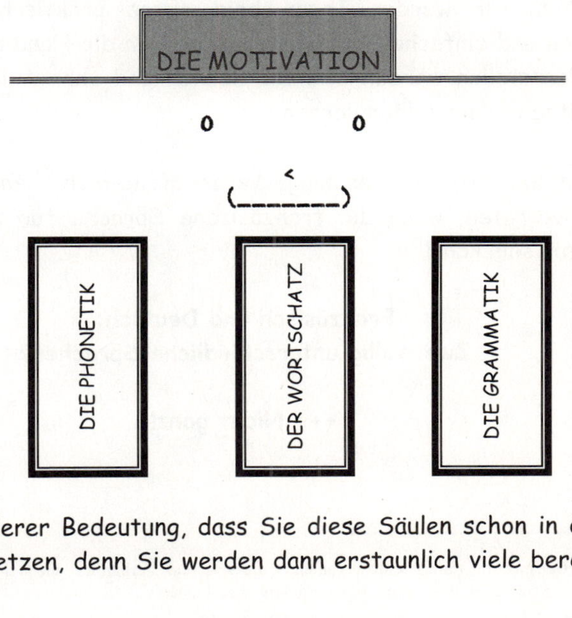

Es ist von besonderer Bedeutung, dass Sie diese Säulen schon in den ersten Stunden richtig setzen, denn Sie werden dann erstaunlich viele bereitliegende

Bausteine[192] erkennen und mit Erfolg verwenden können, ohne dabei viel deklinieren und konjugieren zu müssen!

Um Ihre Lernmotivation auf ihren Höhepunkt zu bringen, sollen Sie noch folgende für Sie vorteilhafte Sachen wissen:

1)  Die französische Sprache besitzt mehrere Tausende von gemeinsamen Nomen, Adjektiven und Verben mit dem Deutschen.

2)  Es lässt sich manches im Französischen sagen, ohne viel zu deklinieren bzw. zu konjugieren, was wir jetzt entdecken werden.

UM IN FRANKREICH SPRACHLICH ZU ÜBERLEBEN

Sie werden sehr bald nach Frankreich fahren. Schon in ein paar Tagen? Schon übermorgen?

Kein Problem, wir werden Ihnen bald einige praktische Informationen, Eselsbrücken und einfache Satzkonstruktionen an die Hand geben, dank denen Sie dann feststellen werden, wie Sie schnell und ohne Mühe einfache, aber richtige Sätze werden bilden können.

Aber bevor Sie unser erstes kluge Sesam-öffne-dich[193] entdecken, möchten wir Ihnen verraten, wann die französische Sprache für uns Deutsche oft „transparent" sein kann!

Französisch und Deutsch:
Zwei völlig unterschiedliche Sprachen?

+++ Nicht ganz!

---

192 …wie zum Beispiel die transparenten Nomen, Adjektive und Verben » : wie « thé, café, téléphone, photo, radio, restaurant, élégant, intéressant, réparer, téléphoner » usw.

193 Da der Begriff „Kluge automatisch einleitende Wörterverbindungen" zu lang ist, werden wir ab jetzt nur noch von (klugen) *Satzstartern* sprechen.

... denn Sie verstehen als Deutschsprachiger mindestens 15 % der französischen Nomen, Verben und Adjektive!

Unter diesen Wörtern unterscheiden wir zwischen den „völlig transparenten " und den nur „teils transparenten" Wörtern:

DER BEGRIFF: TRANSPARENTE WÖRTER

Transparente Wörter sind Wörter einer anderen Sprache, deren Bedeutung in der eigenen Sprache leicht durchschaubar ist:

▶ **Unter den völlig transparenten findet man beispielsweise folgende :**

la limonade	le secrétariat	le sofa	intéressant	le bistrot
le garage	la philosophie	le thé	le café	l'avance (f.)
l'autonomie (f.)	le restaurant	le bonbon	élégant	le parfum

▶ **während folgende nur « teils » transparent sind :**

le chocolat /die Schokolade	le procès /der Prozess	Le melon /die Melone	La salade /der Salat
la place/der Platz	le tigre /der Tiger		usw.

Unter diesen völlig oder teils transparenten Wörtern sind übrigens einige rein deutschen oder germanischen Ursprungs:

un ersatz, un leitmotiv, un blockhaus, un zeppelin, rose, lila, bleu, blanc (weiß), riche (reich) usw..

Aber, auch wenn die meisten transparenten Wörter französischen Ursprungs sind...

le vis-à-vis	la crème	la mayonnaise	le massage
le massage	le carambolage	le bonbon	le rendez-vous

...stammen viele - aber nicht ausschließlich - aus dem Lateinischen oder aus dem Griechischen:

l'orange (f.)	la banane	le bus	l'anorak (m.)
l'éléphant (m.)	l'interview (f.)	l'album (m.)	le kilo

In der letzten Tabelle befindet sich ein großer Exote. Raten Sie, um welches Nomen es sich handelt. (Antwort am Ende der folgenden Seite).

FRANZÖSISCHE WÖRTER IN DER DEUTSCHEN SPRACHE

Allein, was die Verben angeht, sind mehrere Hunderte französische Verben ganz oder ziemlich transparent für die Deutschen!

- **über 400 deutsche Verben, die auf „ieren" enden.**

Zum Beispiel:

réparer =▶ reparieren	rechercher =▶ recherchieren
argumenter =▶ argumentieren	s'intéresser =▶ sich interessieren
arranger =▶ arrangieren	importer =▶importieren
débuter =▶ debütieren	Amuser =▶amüsieren

Etwa 80% der deutschen Verben, die auf „ieren" enden, haben ein französisches Pendant, das Sie sofort finden, indem Sie die Endung „ieren" durch die Endung „er" ersetzen, (welche im Französischen wie „eh" in dem Wort „*Gewehr*" ausgesprochen wird).

Wir werden sie von nun an "er-Verben" nennen.

Unter diesen „er-Verben" gibt es zwar einige, die nur „leicht" transparent sind, vor allem unter denjenigen, die in ihrer (deutschen) „ieren-Version" ein „Z" (manchmal „TZ") beinhalten, welches durch ein *„C"* im Französischen zu ersetzen ist:

placer =▶ platzieren	**financer =▶ finanzieren**
accepter =▶ akzeptieren	Dénoncer =▶ denunzieren

Die gute Nachricht für uns Deutsche ist, dass die Tausenden von Adjektiven und Nomen, die aus diesen „ieren-Verben" abgeleitet wurden, fast immer transparent für die Deutschprachigen sind:

Ursprungsverb aus dem..	**... folgende Wörter abgeleitet wurden ▼**
créer (kreieren)	la créature (die Kreatur)
	la créativité (die Kreativität)
	la création (die Kreation)
accepter (akzeptieren)	acceptable (akzeptabel)
	l'acceptation (die Akzeptanz)
	l'acceptabilité (die Akzeptabilität)
intéresser (interessieren)	l'intérêt -m.- (das Interesse)
	intéressant (interessant)
	la personne intéressée (der Interessent)

- Die Wörter, **die auf „ismus /ist " enden:**

le journalisme	le journaliste	le modernisme	le moderniste
le socialisme	le socialiste	le futurisme	le touriste

Und viele andere noch, wie zum Beispiel:

L'amateur (m.)	le porte-monnaie	le restaurant	La place
le lieutenant	le général	le contrôle	la presse
La lampe	la soupe	le rôle	Le groupe
le vis-à-vis	le papier	La chance	la crème

[194]

Wir, die Autoren dieses Buches, haben lange mit wenig Erfolg versucht, eine Eselsbrücke zu finden, die den Deutschen helfen könnte, zu erraten, welche deutschen Fremdwörter sehr wahrscheinlich im Französischen einen « transparenten Freund[195] » haben.
Eines Tages trafen wir einen verliebten deutschen Matrosen, der uns folgendes sagte:

« J'AIME ALÄT[196] »

« J'AIME ALÄT » erinnerte uns sofort an viele Endungen, die auf französische transparente Wörter verweisen, und zwar an die Endungen

GE-EE-EM und AL-ÄT

...denn wir dachten uns Folgendes dabei :

[194] Antwort auf die Frage auf der vorherigen Seite: Das transparente Wort *Anorak* ist der Eskimosprache entlehnt!

[195] Unter « transparenter Freund im Französischen » verstehen wir französische Wörter, die akustisch ganz oder sehr transparent sind, wie zum Beispiel die Nomen « Loyalität », « Kaffee » und « Aquarium », also Wörter, die irgendwie « sofort einleuchtend » sind, wenn man Sie als Deutsche(r) hört.

[196] Alette = französischer Vorname. Aber dieser Matrose schrieb es Gott sei Dank fälschlicherweise « Alät », was uns auf die Spur einer Eselsbrücke brachte.

Folgende deutsche Endungen ▶	GE+	EE+	EM	AL	ÄT
=	J'AIME (= ich liebe)			ALETT	

Merken Sie sich die Eselsbrücke « J'aime Alät », um auf die Spur der zahlreichen deutschen Fremdwörter mit Endung auf « GE-EE-EM-AL-ÄT » zu kommen, die fast immer einen « transparenten Freund » im Französischen haben.

Hier einige Beispiele:

DEUTSCHE ENDUNGEN AUF:				
GE ▼	EE ▼	EM ▼	AL ▼	ÄT ▼
Die Etage	Der Kaffee	Das Problem	Das Journal	Die Qualität
Die Karambolage	Der Tee	das System	Das Kapital	Die Minorität
Die Massage	Das Komitee	das Theorem	Das Signal	Die Universität
usw...	...usw.	...usw.		...usw.
ergeben meistens französische transparente Nomen im Französischen, wie zum Beispiel ▼				
L'étage	Le café	Le problème	Le journal	La qualité
Le carambolage	Le thé	Le système	Le capital	La minorité
Le massage	Le comité	Le théorème	Le signal	L'université
		[197]		

Wir baten unseren Freund, den Matrosen, darum, uns mit seiner Freundin bekannt zu machen. Diese war sehr freundlich. Wir haben ihren Familiennamen (« ISTIONATO ») sofort gemocht!

Wissen Sie warum?

Raten Sie mal! Folgende Tabelle sollte Ihnen dabei behilflich sein.

[197] « LE » in der Regel.

DIE DEUTSCHEN ENDUNGEN

AL	ÄT	IST	ION	AT	O
Der Karneval	Die Qualität	Der Journalist	Die Religion	Das Sekretariat	Das Radio
Das Spital	Die Identität	Der Gitarrist	Die Aktion	Das Attentat	Das Foto
Das Material	Die Stabilität	Der Tourist	Die Position	Das Format	Das Büro
	...usw.	...usw.	...usw.	...usw.	...usw.

ergeben meistens französische transparente Nomen im Französischen, wie zum Beispiel

Le carneval	La qualité,	Le journaliste	La religion,	Le secrétariat	La radio,
L'hôpital	L'identité	Le guitariste	L'action	L'attentat	La photo
Le matériau[197]	La stabilité	Le touriste	La position	Le format	Le bureau

Das grammatikalische Geschlecht der « transparenten Freunde », die wir aus der Identität « Alät Istionato » gefunden haben, kann man sich sehr leicht merken (aber nur bei dieser Eselsbrücke) :

« Die » im Deutschen ▶ LA im Französischen

« Der » oder « das » im Deutschen ▶ LE im Französischen

Merken Sie sich am liebsten meinen ganzen Namen :
„Alät Istionato!"

Es ist besonders vorteilhaft, meinen Vornamen und meinen Familiennamen zu kennen, denn er besteht « zufälligerweise » auch aus Endungen, die auf französische « transparente Freunde » verweisen.

Lernen wir jetzt, wie wir diese Fremdwörter - und die meisten anderen französischen Wörter auch - in Sätzen verwenden können.

---

[197] Die Beispiele « l'hôpital » und « le matériau » zeigt Ihnen, dass einige seltene « transparente Freunde » unter anderem mit Endung auf « AL » im Französischen anders klingen können. Merken Sie sich auch, dass die deutschen Wörter « das Lineal » und das « Areal » keinen sogenannten transparenten Freund im Französischen haben, da die Übersetzung von diesen Wörtern Nomen ergibt, die von ihrem französischen Pendant zu sehr entfernt sind.

Ich, Professor Gedaplus, empfehle Ihnen den Ausdruck „**J'ai besoin de**":

J'AI BESOIN DE

Der Ausdruck «*J'ai besoin* **de** » (wortwörtlich *ich brauche*) ist sehr leicht zu benutzen, denn nach seinem « **de** » braucht man keine Angabe des grammatikalischen Geschlechtes der Wörter zu machen. Man braucht nur den gewünschten Namen hinzuzufügen!

« **J'ai besoin de** » ist besonders praktisch, denn es ist ein Ausdruck, ein « Satzstarter », der Ihnen erlaubt, zum Beispiel erste Einkäufe intuitiv zu tätigen :

Schauen Sie jetzt, wie Sie ihn beispielsweise konkret verwenden können :

Bonjour (Monsieur) (Madame), s'il vous plaît ...

+ Ergänzung im Singular oder sogar im Plural[199] ohne Artikelwort davor:	
j'ai besoin de +	thé café bonbons tout (alles) fromage (Käse) qualité chocolat (Schokolade) usw.

Der « J'ai besoin de »-Satzstarter ist wirklich etwas Praktisches:

Schauen Sie noch !

J'ai besoin <u>de quelque chose</u> [kälkeschoz°][200]	**Ich brauche etwas**
J'ai besoin de ceci [ssössi]	Ich brauche dies

Gut, Sie können das Prinzip der „Satzstarter" (hier „j'ai besoin de") wirklich gebrauchen. aber diesen Begriff werden wir Ihnen noch später erklären.

---

199  Denn rein akustisch gesehen ist die Form des Plurals im Französischen nur äuβerst selten von der Form des Singulars zu unterscheiden. Wie praktisch!

200 Bei « quelque chose » sollen Sie das « S » wie ein sehr ruhiges « Z » lesen, bei dem der Laut « T » verschwunden ist. Dies ist beispielsweise der Fall bei dem englischen Ausdruck « it i<u>s</u> ». Üben Sie mit einer anderen Person.

Und jetzt zurück zum Thema „Fremdwörter".

Sie sollen noch zwei Sachen wissen:

Erstens, dass es unter den transparenten Wörtern auch einige deutsche Wörter gibt, die jedoch oft mit einer etwas anderen Bedeutung ins Französische übernommen wurden.
Zweitens, dass die Franzosen und die Engländer viele gemeinsame Wörter haben.

Die Fremdwörter deutschen Ursprungs

- *blanc* (weiβ), *le loustic* (der Gauner), je suis *kaputt* (= ich bin sehr müde), le *landau* (der Kinderwagen), le *blockhaus* (der Bunker), un *vasistas* (un „was ist das" (?) = ein kleines Fenster!!), *trinquer* (anstoßen), une *berline* (eine Limousine[201]) usw.

Schlussfolgend: Diese Wörter sind nicht nur „ *loustic*", man kann sie sich auch leicht merken!

[201] Wobei das deutsche Wort « Limousine » sich auf das französische Wort « limousin » bezieht! (Le Limousin ist ein französisches Departement in Zentralfrankreich).

Die englischen Wörter französischen Ursprungs

Und wenn Sie Englisch können... dann Bravo! So können Sie beim Lesen zusätzlich gut 20 % der französischen Wörter verstehen - denn Englisch ist eine Mischung aus der angelsächsischen Sprache der Eroberer von Groβbritannien im VI. Jahrhundert nach Christus und jener der französischsprachigen Invasoren (Wilhelm des Eroberers und seiner Fürsten), die 1066 „ENGLAND" dauerhaft besetzten und unter ihren französisch-normannischen kulturellen Einfluss stellten.

- autumn /GB/ = automne /F
- mutton /GB/ = mouton /F/
- to pay/GB/ = payer /F/
- flowers /GB/ = les fleurs /F/-
- hour /GB/ = l'heure/F/
- to possess/GB/ = posséder /F/
- power /GB/ = le pouvoir /F/
- bottle /GB/ = la bouteille /F/
- to decline/GB/ = décliner/F/usw...
- the train /GB/ = le train /F/
- an interview /GB/ = une entrevue /F/[202]

Kurz und bündig, auch wenn Sie nie französisch gelernt haben, kennen Sie schon zwischen 15 und 30% der französischen Wörter.

DER DEUTSCH-FRANZÖSISCHE WORTSCHATZ

Sie kennen inzwischen schon manche französische Wörter, die Sie sogar einigermaβen richtig aussprechen können. Bravo!

Da Sie aber vielleicht schon morgen nach Frankreich fahren wollen, empfehlen wir Ihnen wärmstens unsere auf den folgenden Seiten durchaus praktischen Redewendungen zu entdecken. Sie erlauben Ihnen schnell und richtig manches im Französischen zu sagen, ohne Deklination und Konjugation!

Lernen Sie jetzt einige solcher „Sesam-öffne-dich-Redewendungen" kennen, dank derer Sie all die oben vorgestellten transparenten Wörter erfolgreich einleiten (also „verwenden") können:

---

[202] Sogar das Wort «computer» erinnert an das französische Verb «compter» (rechnen) … Ein Computer ist schlieβlich auch ein «Rechner».

Diese Redewendungen, die automatisch Ergänzungen nach sich ziehen, die (**was sehr vorteilhaft ist) weder dekliniert noch konjugiert** werden müssen, haben in unserer Methode einen ganz besonderen Namen, wir nennen sie „die Satzstarter".

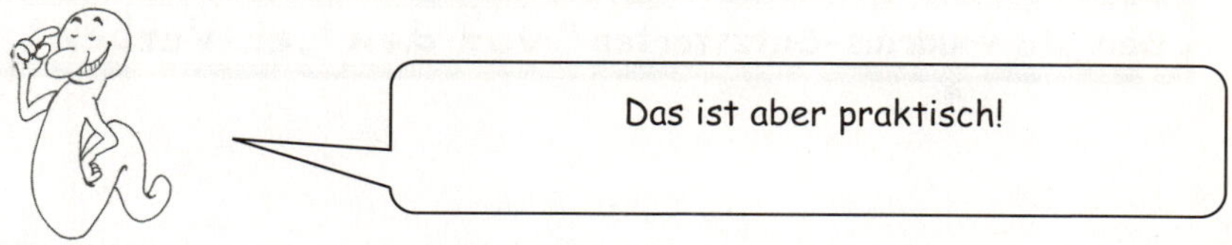

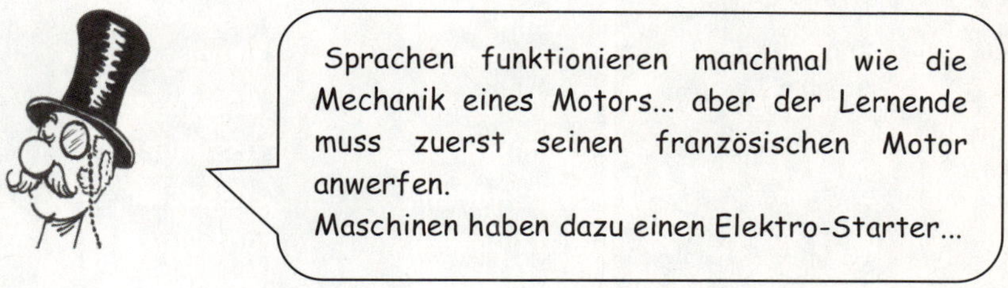

Ein Elektro-Starter ist ein System, das man zum Anlassen eines Motors benötigt.

Da solche Redewendungen wie „Je voudrais s'il vous plaît", wie Starter funktionieren, die mir helfen, meinen französischen „Sprachmotor" in Bewegung zu bringen, werde ich Sie ab jetzt nur noch „Satzstarter" nennen.

DER „Je voudrais" „SATZSTARTER"

Der „*Je voudrais*" Satzstarter ist sehr praktisch für die Anfänger.

Schauen Sie zum Beispiel, wie er Ihnen hilft, all die „er-Verben"- (☺ die Sie inzwischen von den deutschen „ieren-Verben" leicht ableiten können ☺) - mühelos zu verwenden:

Der „Je voudrais-Satzstarter " vor den „er-Verben"

JE VOUDRAIS +
(= ich möchte)

telefon~~ieren~~	téléphoner
recherch~~ieren~~	(re)chercher
repar~~ieren~~	réparer
arrang~~ieren~~	arranger
organis~~ieren~~	organiser
assimil~~ieren~~,	assimiler,
assozi~~ieren,~~	associer,
antizip~~ieren~~,	anticiper,
annonc~~ieren~~,	annoncer,
archiv~~ieren~~,	archiver,
brüsk~~ieren~~,	brusquer,
debüt~~ieren~~,	débuter,
dechiffr~~ieren,~~	déchiffrer,
...diskut~~ieren~~...	...discuter...
fotographieren	photographier
usw.	usw.

JE VOUDRAIS- ICH MÖCHTE + WÖRTER IM PLURAL

Anfänger, Sie haben sich inzwischen erfolgreich daran gewöhnt, bei Gesprächen ihre ersten Sätze automatisch mit dem intuitiv ausgesprochenen *Satzstarter* „je voudrais + Infinitiv" einzuleiten, und Sie hatten damit Erfolg. Gut.

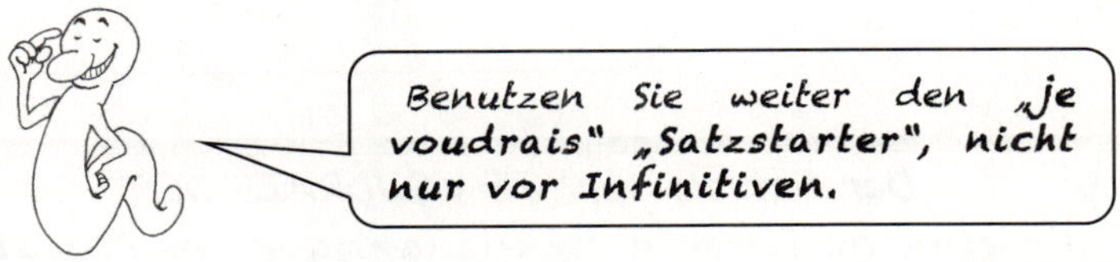

Sondern auch vor Nomen im Plural:

Der Satzstarter „JE VOUDRAIS DES" + Nomen im Plural

Zum Beispiel bei der Bestellung einer unbestimmten positiven Mengenangabe

Je voudrais des ▶ ▶ fruits, ▶ bonbons, ▶ croissants

Dies ist möglich, weil das grammati**kalis**che Geschlecht der Nomen im Plural nicht hörbar ist, solange kein Adjektiv neben ihnen steht[203].

Ein paar Beispiele folgen ☺:

Je voudrais des baguettes,
Je voudrais des croissants
Je voudrais des conseils (Ratschläge),
Je voudrais des fruits (Früchte)

[203] Ohne Verwendung von Adjektiven, da diese im Gegensatz zu « des » gemäß dem grammatikalischen Geschlecht anders dekliniert werden, je nachdem, ob sie sich auf weibliche oder auf männliche Nomen beziehen.

Da die Version des Plurals der meisten französischen Nomen sich phonetisch von der Version im Singular nicht unterscheidet, ist es im Französischen leicht, allgemein Sachen im Plural zu « bestellen ». Man braucht weder eine spezielle Form des Plurals noch das Geschlecht (« le » oder « la ») zu kennen!

Das ist wirklich praktisch !

Der Satzstarter „JE VOUDRAIS DES"
+ eine bestimmte Mengenangabe im Plural

Je voudrais 2, 3, 5, 10, 100 fruits, 100 baguettes, camemberts ....

je voudrais 2, 3....10	▶ fruits ▶ oranges ▶ Euros ▶ bananes

Seien Sie klug, benutzen Sie unseren Favoriten für fast alle Sätze, die Sie bilden möchten: Unser Liebling ist der Satzstarter **JE VOUDRAIS** (= **ICH MÖCHTE BITTE**).

Und so funktioniert´s:

Bilden Sie Sätze aus den vorgegebenen Wörtern:

je voudrais des +...

(ich möchte) ▸

...croissants
...baguettes°
...tomates°
...toilettes°
...idées°
...lampes°
...journalistes°
...garages°

Bonjour Madame,

je voudrais	**acheter** (kaufen) **trouver** (finden) **prendre** (nehmen)	un café un thé un camembert une baguette une bière

Und jetzt....

Über das Glück deutschsprachig zu sein!

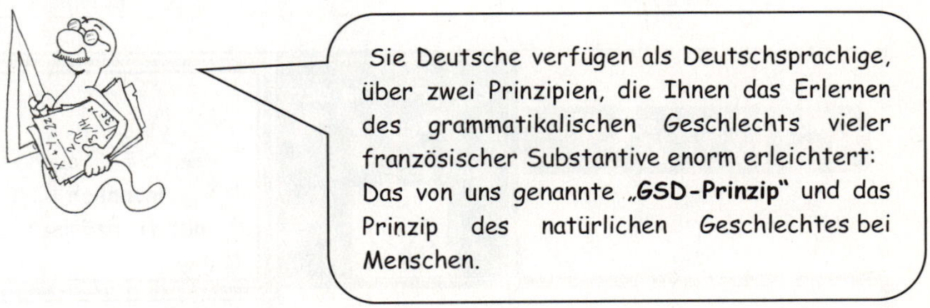

Schlagen Sie aber am besten diese Seite um, um mehr darüber zu erfahren !

Das Gott-Sei-Dank-Prinzip beim grammatikalischen Geschlecht

Das „*Gott-sei-Dank-Prinzip*" (auch „**GSD-Prinzip**!" genannt) ist sehr hilfreich beim Erlernen von Reihen von französischen Nomen.

Das *Gott sei-Dank-Prinzip*[204] funktioniert ungefähr so:

BEI TRANSPARENTEN WÖRTERN		
weiblich auf deutsch	**entspricht in der Regel**	→ **auch weiblich auf französisch**
DIE	→	**LA**
z.B.: **die** Logik	→	Z.B: **la** logique

männlich oder sächlich auf deutsch	**entspricht in der Regel→**	→ auch **männlich auf französisch**
DER **DAS**	→	**LE**
z.B.: **der** Konflikt	→	**Le** conflit
z.B.: **das** Sekretariat		secrétariat

Es gibt zwar ein paar Ausnahmen zum « GSD-Prinzip », aber eigentlich ziemlich wenig.

Leider (träumen wir nicht!) funktioniert das *GSD Prinzip* nicht bei allen französischen Wörtern.

Das Gott-Sei-Dank-Prinzip funktioniert beispielsweise nicht bei einigen transparenten Wörtern mit Endung auf „O", die im Deutschen sächlich sind:

Deswegen gibt es beispielsweise

	aber		***aber***	
	das Radio	**la** radio	**das** Foto	**la** photo
	usw.			

Es funktioniert ebenfalls nicht bei vielen transparenten Wörtern mit Endung auf „AGE", die im Deutschen weiblich sind im Französischen jedoch in der Regel männlich:

	aber		***aber***	
	die Bagage	**le** bagage	**die** Garage	**le** garage
	die Massage	**le** massage	usw.	

Dafür funktioniert das Gott-sei-Dank-Prinzip aber einwandfrei bei der großen Mehrheit der transparenten Wörter und sogar allgemein bei den Tieren.

Z.B : Der Fisch = le poisson, der Tiger = le tigre, die Spinne = l'araignée (f.), der Wurm = le ver, der Vogel = l'oiseau (m.), le Spatz (= le moineau), ... und bei mehr als hundert anderen Tiernamen.

Das *Gott-Sei-Dank-Prinzip* ist insgesamt zweifelsohne eine wirksame Hilfe für das Erlernen des Genus von mehreren Hunderten von französischen Substantiven.

NOCH EINIGES ÜBER DAS GSD-PRINZIP BEI DEN TRANSPARENTEN NOMEN

- Das Geschlecht **weiblicher** transparenter Nomen ist im Französischen meist weiblich (=„**LA**" bzw. „**UNE**")

Beispiele:

die Lampe → la lampe; die Zisterne → la citerne
eine Idee → une idée; die Libelle → la libellule

- Das Geschlecht **männlicher oder sächlicher** transparenter Nomen ist im Französischen meist männlich (= „**LE**", bzw. „**UN**")

Beispiele:

*der Film → le film ; der Text → le texte
der Norden→ le Nord, der Osten → l'est (m.).
***das** Chaos → **le** chaos ; **das** Problem→ le problème ;
***das** Verb → **le** verbe, **das** Argument → l'argument (**m.**); das Papier → **le** papier

Na ja, aber wie ist es eigentlich, wenn man gerade nicht mit transparenten Wörtern zu tun hat?

Das Prinzip des natürlichen Geschlechtes bei Menschen

● Da die Franzosen keine außerirdischen Wesen sind, sind die Wörter, die Menschen weiblichen Gechlechtes beschreiben, immer weiblich.

La femme (**die** Frau), **la** professeure (**die** Lehrerin), une amie (eine Freundin), l'épouse (f.) (die Gattin), la soeur (die Schwester), la fille (die Tochter).

Wörter wie „Mädchen", „Fräulein" und „Weib", die im Deutschen „unlogischerweise" sächlich sind, (das)- (obwohl sie weibliche Lebewesen beschreiben), sind im Französischen logischerweise weiblich: **la** petite fille (**das** Mädchen), **la** demoiselle (das Fräulein), **la** femme un peu rustre (**das** Weib) ...

Wären die Franzosen etwa logischer als die Deutschen?

Um die Antwort auf diese Frage zu finden, raten wir Ihnen, sich den deutschen Band dieser Methode anzuschaffen, in dem wir Ihnen weitere Tricks anvertrauen, dank deren das Erlernen der französischen Sprache einfach Spaß macht. (170 Seiten. 15 + 2 Euro für das Porto. Adresse : Siehe Seite 185 oder schreiben Sie uns : batydeutschfrz@gmail.com).

Le cabinet des erreurs typiques des Français

1) LES ERREURS PHONÉTIQUES :

Les Francophones ont en particulier beaucoup de peine à prononcer correctement les lettres ou combinaisons de lettres suivantes :

H	➔	Prononcer le « H » allemand en début de mot en imitant le son que vous produisez l'hiver en soufflant sur une bougie pour faire vaciller sa flamme.
Z	➔	La lettre « S » se prononce toujours comme un « TSS » expiré de manière très dynamique.
AU	➔	Le son AO ne doit pas être prononcé [AO], mais «[A-O], c'est-à-dire en séparant distinctement le [A], du [O],
Le S	➔	En début de mot un « S » se prononce toujours comme le « z » français du mot « zoro ».
Le « Ach »-Laut (= le « ch » lu après une voyelle prononcée au niveau de la glotte)	➔	Prononcer dans la gorge une sorte de « K » à peine audible en imitant le son que vous produisez l'hiver en soufflant dans vos mains pour les réchauffer. (L'air expiré doit venir de la gorge qu'il racle).
Le « Ich -Laut » (Le « ch » lu après un « i » ou un « e » ou après une consonne)	➔	Prononcer ce son en conservant la position des lèvres que vous adoptez pour dire « le **ch**ien **ch**inois ». (Conserver les coins des lèvres éloignés l'un de l'autre).
Le **E** final	➔	Un « E » final s'entend toujours très nettement en allemand (sauf s'il apparaît après un « i ». ex : d**ie** Philosophi**e**).
J'ai 20 ans	➔	Penser à dire « je suis 20 ans » Ich **bin** 20 Jahre alt.
~~Ich « will » etwas~~	➔	Utilisez de préférence « ich möchte ». *Ich will* peut en effet être interprété comme « j'exige ».

2) LE RYTHME DE LA LANGUE ALLEMANDE

Les Allemands ont un rythme de diction un peu haché qui leur permet de prononcer de manière dynamique les sons, tantôt expirés, tantôt profonds qui caractérisent leur langue.

Respecter ce rythme, haché mais rythmé, vous permettra de venir à bout de la prononciation des mots composés allemands mais également des « Z » et des « H » placés devant une voyelle.

Pour prononcer correctement un « Z » et un « H » de manière fortement expirée (= explosive ») il faut agir en trois temps

1) s'arrêter devant cette lettre
2) inspirer
3) la prononcer de manière explosive.

Pour parvenir à prononcer correctement un « ch » profond

(c'est-à-dire le « ch » à prononcer du fond de sa gorge)

▸ il faut émettre le souffle que l'on produit en soufflant dans ses mains pour se réchauffer.

Pour parvenir à prononcer correctement un « ch » après un « i », un « e », une consonne ou une voyelle surmontée d'un Umlaut….

▸ il faut éloigner le plus possible (l'un de l'autre) les coins de ses lèvres, comme on le ferait en exagérant la prononciation du mot « chien », ou encore en souriant très largement tout en prononçant le son « i ».

FIN ?

Ce premier tome se termine. Ne soyez toutefois pas tristes. Nos personnages reviendront dans une enquête grammaticale franco-allemande interactive à paraître, dans laquelle les apprenants des niveaux supérieurs (= vous d'ici quelques moi) découvriront, dans le même esprit et avec le même plaisir, bien d'autres choses et en particulier les marques grammaticales devant être mises aux adjectifs qualificatifs allemands.

LE PRÉSENT OUVRAGE PEUT ÊTRE COMMANDÉ DIRECTEMENT AUX AUTEURS À L'ADRESSE SUIVANTE :

Régis BATY - RITA FISCH
BP-70108
F-67003 STRASBOURG Cedex

PRIX : 16 €+ 3,00 €
(frais de port)

NOTRE SOMMAIRE PLUS ACADÉMIQUE

Annexe:

Nous n'avions inititialement pas prévu de présenter le datif et le génitif dans cette méthode. Toutefois, à la demande de certains lecteurs, nous indiquons les terminaisons de ces cas dans le tableau suivant, mais sans vous livrer à ce stade nos astuces permettant de structurer votre apprentissage.

		LES CAS QUE NOUS DÉCOUVRIRONS DANS LA SUITE DE CETTE MÉTHODE	
	NOMINATIF ET ACCUSATIF ▼	LE DATIF ▼	LE GÉNITIF ▼
MASCULIN		deM neuen Mann eineM neuen Mann	deS neuen Mann(e)S eineS neuen Mann(e)S
FÉMININ	CAS DÉJÀ PRÉSENTÉS DANS CETTE MÉTHODE.	deR neuen Frau eineR neuen Frau	deR neuen Frau eineR neuen Frau
NEUTRE		deM neuen Kind eineM neuen Kind	deS neuen Kind(e)S eineS neuen Kind(e)S
PLURIEL ASEXUÉ		deN neuen LeuteN neueN KinderN	deR neuen Leute neueR Lehrer

NOTRE

GLOSSAIRE

BIEN À NOUS

Termes utilisés dans cette méthode		Termes linguistiques plus couramment utilisés
Le déterminant possessif		(L'adjectif possessif)
La déclinaison avec les „ein +"		La déclinaison mixte
La déclinaison avec un déterminant non gréviste		La déclinaison faible
„l'égal-sujet"		L'attribut du sujet
Les „ein +"		N'a pas d'équivalent dans les grammaires traditionnelles
La lettre d'or		La désinence principale
La lettre de bronze ou „la marque bouche-trou".		La désinence secondaire
Les porteurs de lettre d'or Ou „les déterminants porteurs de lettres d'or"		Les déterminants dans la déclinaison faible
„Tandem de voyelles" ou „voyelles associées"		„Semi-voyelles" ou „diphtongues" selon le cas.
Le „vaccusatif"		L'accusatif devant être mis en réponse à la question „wohin".
Les verbes irréguliers		Les verbes forts
verbes réguliers		Les verbes faibles
Les verbes dissidents		Les verbes mixtes

Dépôt légal : Juin 2016

Cet ouvrage a été imprimé à
Białystok (Pologne)
par les imprimeries
orthdruk